スッキリ！がってん！
ユニバーサルデザインの本

古田　均 ［著］

電気書院

[本書の正誤に関するお問い合せ方法は，最終ページをご覧ください]

はじめに

　「ユニバーサル」という言葉を聞くと，まず何を頭に浮かべますか．ユニバーサルスタジオ，日本であればUSJではないでしょうか．ユニバーサルスタジオはもともとユニバーサル映画のセットやストーリーをテーマパーク化したものです．ユニバーサル映画のユニバーサルとはどのような意味でしょうか．ユニバーサルとは一般的，すべてに共通という意味です（もちろん宇宙という意味もありますが）．そうすると，ユニバーサルデザインとは，一般的あるいはすべての人に共通，すなわちすべての人に平等というデザインであると解釈できます．すべて人が平等とは，子供であっても，高齢者であっても，男女にかかわらず，また，人種にかかわらず，そして障がいがあるなしにかかわらず，すべての人にとって同じデザインということになります．

　いまこのユニバーサルデザインが注目されています．このことは裏を返せば我々の周りに平等でない，すなわち万人に優しくないデザインが多くあることを意味しています．

　本書では，なぜユニバーサルデザインを考えるべきか，あるいはユニバーサルデザインをすることでどれほど良いことが起こるのかを紹介します．そして，ユニバーサルデザインをより理解してもらうた

めに，デザインとユニバーサルデザインとの関係について述べます．さらに，関連の深い景観デザインとの関わりについても説明します．本書が全世界の人，若い人にユニバーサルデザインに対する興味を持ってもらい，全員が平等に幸せになれるような未来を作っていただく一助になれば望外の幸せです．最後に本書の上梓に際し，多くのご協力をいただいた電気書院近藤知之氏に深謝いたします．

                                2018年12月　著者記す

目　次

はじめに ── *iii*

❶ ユニバーサルデザインってなあに

1.1　ユニバーサルデザインとは ── *1*
1.2　バリアフリーデザインとユニバーサルデザインの関係 ── *4*
1.3　ユニバーサルデザインによく似た考え方 ── *7*
1.4　ユニバーサルデザインの歴史 ── *8*
1.5　ユニバーサルデザインの意義と利点 ── *10*
1.6　デザインとユニバーサルデザインの関係 ── *11*
1.7　ユニバーサルデザインの手順 ── *18*

❷ ユニバーサルデザインの基礎

2.1　ユニバーサルデザインに必要なもの ── *21*
2.2　ユニバーサルデザインが目標とするもの ── *22*
2.3　ユニバーサルデザインに関する素朴な疑問 ── *23*
2.4　ユニバーサルデザインに関する困難さ ── *24*
2.5　ユニバーサルデザインで考えるべきこと ── *25*
2.6　ユニバーサルデザインにおける誤解 ── *26*
2.7　ユニバーサルデザインで望まれること ── *29*
2.8　ユニバーサルデザインの実践 ── *31*

2.9　ユニバーサルデザインを支援する技術 —— *32*

2.10　ユニバーサルデザインに関連するいくつかの事例 —— *34*

③ ユニバーサルデザインの応用

3.1　住まい環境のユニバーサルデザイン —— *37*

3.2　建築・都市のユニバーサルデザイン —— *44*

3.3　交通・道・サイン環境のユニバーサルデザイン —— *46*

3.4　旅と観光のユニバーサルデザイン —— *50*

3.5　景観・色のユニバーサルデザイン —— *53*

3.6　公園・緑空間のユニバーサルデザイン —— *54*

3.7　広告のユニバーサルデザイン —— *56*

3.8　接客・サービスのユニバーサルデザイン —— *58*

3.9　教育のユニバーサルデザイン —— *59*

3.10　情報製作のユニバーサルデザイン・情報アクセシビリティ
　　　　　　　　　　　　　　　　　　　　　　　　—— *61*

3.11　プロダクツデザイン —— *62*

3.12　ユニバーサルデザインと防災 —— *64*

3.13　高速道路施設のユニバーサルデザイン —— *65*

3.14　各自治体のユニバーサルデザインを考えた町つくり
　　　　　　　　　　　　　　　　　　　　　　　　—— *70*

3.15　駅前地下道案内表示のユニバーサルデザイン —— *72*

3.16　合意形成型デザインの例 —— *83*

3.17　ユニバーサルデザインの今後 —— *108*

巻末付録——*113*
参考文献——*115*
索引——*119*
おわりに——*121*

① ユニバーサルデザインってなあに

1.1 ユニバーサルデザインとは

　テレビの人気番組に「大改造!! 劇的ビフォーアフター」という，匠と呼ばれる建築家が古い使い勝手の悪い家を，工夫を凝らして明るく住みやすく改修するというものがありました．依頼者は年取った親のために古い家をリフォームしようとする子供らであることが多いようです．そこでよく見られるのが，階段を上がりやすくし，部屋と風呂，トイレ等に段差をなくして高齢者に住みやすくしていることです（図1・1）．ここでは「バリアフリー」という言葉が使われています．最近では，バリアフリーといういい方は減ってきていますが，まだいろいろなところで使われています．なぜ最近ではあまり使われなくなってきたかというと，バリアフリーというと，ある人が快適な生活あるいは行動をするための障がい（バリア）を取り除くという意味であり，ある特別な人に対する特別な配慮ということを意味します．例えば，障がいのある人（ここでは身体的な意味での障がいという意味で使っています）のことを記します．車いすを使っている人が2階に上りたいとします．もちろんエレベーターがあれば良いのですが，個人の家では通常エレベーターはほとんど見られません．もしエレベーターがなければ誰かの助けが必要となります．階段が狭く，段が高ければ助ける人にとっても大きな負担をかけることになります．また介助者一人では無理かもしれません．

1 ユニバーサルデザインってなあに

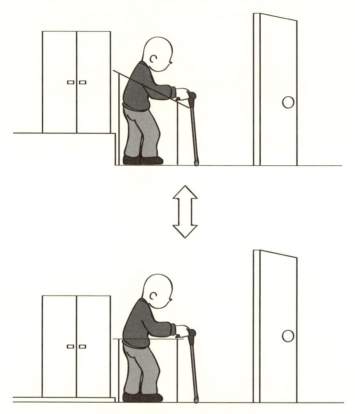

図1・1 段差のない玄関（比較）

　以前テレビで障がいのある人が多くの人の助けで高い山に登るという話を放映していました．その人は頂上に運んでもらい，美しい景色に非常に感動し大変喜んでいました．そして，助けてくれた人に感謝をしていました．介助をしたボランティアの人も満足げでした．このように滅多にないイベントのようなものであれば，お互い

1.1 ユニバーサルデザインとは

に嬉しくなって満足感が持てるでしょう.しかしながら,毎日あるいは日常的に頻繁に必要となると,その障がいのある人は周りの人に迷惑をかけると申し訳なく思い,例え必要であっても遠慮してやめてしまうかもしれません.介助者から見ると,障がいのある人を可哀想に思い助けてやっているという,一段高いところから障がいのある人を見ているかもしれません.このような関係が生じるとすると,障がいを取り除くというバリアフリーという考え方では,お互いに後味が悪いものが心に残るのではないでしょうか.この問題を払拭しようというのが,ユニバーサルデザインという考え方です.

ユニバーサルデザインでは,何人も平等であり,すべての人にとって良いということを基本にしています.すなわち,すべての人にとって良いというデザインを追及しようというものです.幼児,高齢者,障がい者に関わらず,全員が良いと思われるものを見出そうとします.すなわち,ユニバーサルデザイン(Universal Design, UDと略記することもあります)とは,文化・言語・国籍の違い,老若男女といった差異,障がい・能力の如何を問わずに利用することができる施設・製品・情報の設計(デザイン)のことをいいます.

1 ユニバーサルデザインってなあに

1.2 バリアフリーデザインとユニバーサルデザインの関係

　ユニバーサルデザインはバリアフリーデザインを拡張したものということもできます．特定の人のみを対象とするものではなく，すべての人を対象とします．よって，ユニバーサルデザインはバリアフリーデザインの拡張とも考えられます．ただし，単なる拡張ではありません．例えば，点字ブロック（正式には「視覚障がい者誘導用ブロック」といいます）は視覚障がい者には不可欠なものです．しかしながら，凹凸があるので，車いす利用者には移動に障がいを与えます．このようにある人にとって良いことが，他の人には迷惑になることもあります．よって，様々な場面，場合を想定して，最良の解を探すことが必要です．ところが，このような最適な解を探すときには，トレードオフという問題がでてきます．トレードオフとは，あちらを立てればこちらが立たずという関係で，あることを良くし

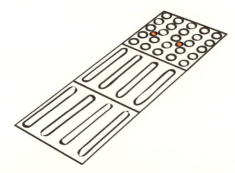

主に弱視の方への配慮として，発光ダイオードが内蔵された点字ブロックがあります．夜間や暗い場所でも非常にわかりやすいものです．
図1・2　光る点字ブロック

1.2 バリアフリーデザインとユニバーサルデザインの関係

ようとすると他のことが悪くなるという関係です.このような問題には,各条件の間でバランスをとることが必要となります.このことがユニバーサルデザインを難しくしている一因でもあります.

ユニバーサルデザインは,"すべての人が人生のある時点で何らかの障がいをもつ"ということを,発想の起点としている点で,バリアフリーデザインとは大きく異なります.そこには,かわいそうな人のために何かしてあげようという慈善の気持ちはありません.障がいの部位や程度によりもたらされるバリア(障壁)に対処するのがバリアフリーデザインであるのに対し,ユニバーサルデザインは障がいの有無,年齢,性別,国籍,人種等にかかわらず多様な人々が気持ちよく使えるようにあらかじめ都市や生活環境を計画する考え方です[1].図1・3,図1・4に階段の上下運動の例で,バリアフリーデザインとユニバーサルデザインの違いを示します.

図1・3ではリフトはあるものの,最初から誰かの介助を前提にしていますが,図1・4では,基本的には介助がなくても利用者本人が自由に移動できるようにと考えています.

もう少し話を拡大すると,都市空間であれば,誰もが歩きやすい

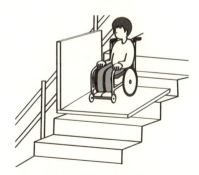

図1・3 車いすの人がリフトで階段を下りるイメージ

1 ユニバーサルデザインってなあに

ように電柱を地下に埋設した道路,多言語表記のわかりやすいサインなどがあげられます.建物であれば自動ドアや多目的トイレ,日用品であれば,缶ビール等の点字表示(図1・5)やシャンプー容器のギザギザ(図1・6)が,ユニバーサルデザインの代表例です.これらの例は,特定の人を対象に考えられたわけではなく,誰にでも便利なものとなっています.

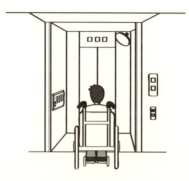

図1・4 車いすの人がエレベータを利用するイメージ

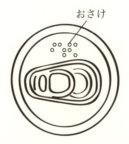

缶ビールなどのアルコール飲料(カン)の上部には,点字の突起が付いています.これは,この商品はアルコール飲料であることがわかるためで,目の見えない人やこどももジュースなどと区別ができるようになっています.

図1・5 ユニバーサルデザイン例1(缶ビールの点字表示)

シャンプー　　リンス

図1・6　ユニバーサルデザイン例2（シャンプー容器の特徴）

1.3　ユニバーサルデザインによく似た考え方

　バリアフリーのほうがユニバーサルデザインより古くからいわれていました．そのわけは，医学の進歩等により世界，特に日本において高齢化が急速に進んでいることが一因としてあげられます．我々の日常生活において移動することは欠かせない行為です．ところが，高齢化が進めば，どうしても移動に何らかの困難が生じる人が増えてきます．また，身体障がい者の人も同様に自立した生活をするには，移動の困難さを軽減することが望まれます．このような事情を考慮して，平成12年11月15日に交通バリアフリー法が施行されま

表1・1　バリアフリー法の歴史

1994年	「高齢者，身体障がい者等が円滑に利用できる特定建築物の建築の促進に関する法律」（ハートビル法）の成立
2000年	「高齢者，身体障がい者等の公共交通機関を利用した移動の円滑化の促進に関する法律」（交通バリアフリー法）の成立
2006年	「高齢者，障がい者等の移動等の円滑化の促進に関する法律」（バリアフリー新法）

した(表1・1).このため,移動の円滑化を目指して各公共機関でバリアフリー化を推進することになりました.そのためには,健常者による協力が必要ですし,バリアフリーに対する理解が必要です.また,バリア・バリアフリー情報の共有も望まれます.

このバリアフリーに対するものとして,ノーマライゼーションという考え方も提唱されています.ノーマライゼーションとは,障がい者を排除するのではなく,障がいを持っていても健常者と均等に当たり前に生活できるような社会こそがノーマルな社会であるという考え方を基にしています.そして,こうした社会を実現するための取り組みをノーマライゼーション(normalization)と呼んでいます.すなわち,バリアフリー化などの推進により,障がい者が蒙る不自由・参加制約を緩和しようとするものです.この概念はデンマークのバンク・ミケルセンにより初めて提唱され,スウェーデンのベングト・ニリエにより世界中に広められました.

これ以外にも,デザイン・フォー・オール,アクセシブル・デザイン,アダプタブル・デザイン,インクルーシブ・デザインなどもユニバーサルデザインとよく似た意味を持って使われています[2].

1.4 ユニバーサルデザインの歴史

1.2でユニバーサルデザインとバリアフリーの関係について述べましたが,歴史的に古いのはバリアフリーデザインの考え方です.バリアフリーデザインの考え方はアメリカで始まりました.というのは,ベトナム戦争で多くの傷ついた兵士がアメリカに帰ってきました.第二次世界大戦前には,帰国できたのは軽傷の兵士のみでしたが,医学や医療技術の発達により,ベトナム戦争後は重傷の兵士も帰還できるようになったのです.帰国後彼らは当然のことながら,

1.4 ユニバーサルデザインの歴史

表1・2 ユニバーサルデザインの法律の歴史

1968年	建築障がい法
1982年	MGRAD（アクセシブル設計最低設計要件）
1994年	ハートビル法
1996年	ADA（American with Disability Act）

社会生活をすることになります．ところが，いざ社会生活をするようになると，多くの問題に気付くことになります．すなわち，それまでの社会はすべてのモノがいわゆる健常者のために作られており，障がいのある人には多くのバリアが存在するという事実に直面することになりました．このため，全米アメリカ退役軍人協会も後押しをして，生活上の様々なバリアを取り除くことの必要性を訴えることになりました．さらに，1940，1950年代の小児麻痺の大流行により障がいを持つ人が増えていたこともその活動に拍車をかけることになりました．

1964年の公民権運動の高まりとともに，バリアフリーを実現するための設計基準への要求が高まり，1961年に全米基準協会（ANSI）はA117.1と呼ばれる設計基準を発表します．ここでは，バリアフリーという言葉ではなく，アクセシブル・アンド・ユーザブルという言葉が使われています．そして，1968年に建築障がい法が作られました．ところが，この建築障がい法を具体化するための設計基準策定には長い期間が必要でした．前述の117.1の1980年の大改訂を受け，やっと1982年にMGRAD（アクセシブル設計最低設計要件）が作られました．そして，1996年にADA（障がいをもつアメリカ人法，American with Disability Act）ができました（表1・2）．このADAには差別をなくすという考え方が根底にあります[3]．

これに対し日本では，1994年にハートビル法ができていますが，この法律はものづくりを対象とするもので，罰則をもっていなかったため，十分な威力が発揮できませんでした．

1.5　ユニバーサルデザインの意義と利点

今までユニバーサルデザインとは何か，その意味，歴史を見てきましたが，ここでもう一度ユニバーサルデザインの意義とその利点について考えてみましょう．ユニバーサルデザインは，誰でもがいつでも，そしてどこでも同じように生活しいてはいろいろな活動ができることを目指すといってきました．それでは，そうすることでどんな良いことが起きるのでしょうか．誰でもがいきいきと生活できれば，社会が活性化します．すなわち，ストレスをためずに生活ができ，悪いことをする人が減り，より安心・安全な社会になるかもしれません．また，人間は多様であることが広く認識され，当然のことと理解されると，他人に優しくなり，それによって戦争もなくなる可能性もあります．幼児に優しい，あるいは高齢者に優しい社会になると，子供を育てやすい環境が生まれ，少子化の問題も解決でき，高齢者が生活しやすくなると，健康な高齢者も増え，医療費の削減も可能になることも考えられます．

以上に，考えられるユニバーサルデザインの利点をあげましたが，いま我が国においてユニバーサルデザインが特に重要と考えられるのは，やはり我が国が世界に類のない超高齢化社会になろうとしていることが大きいと思います．前に述べたように，誰でも長生きをすれば何らかの障がいをもつことになります．このことを考えると，誰でもが安心，安全，快適な生活がおくれることを目指すユニバーサルデザインが社会の基本となるべきでしょう．また高齢化と同時

に少子化が進んでいます．これからの生産人口の減少を補うためには，できるだけ多くの人が社会に参加をしてくれる必要があります．女性の参加が必要ですし，また高齢者の参加，あるいは外国人の参加も望まれます．この人たち全てが働きやすい環境を作ることが必要不可欠です．この目的のためにもユニバーサルデザインは必要です．そして，高齢者の参加を目指すには，ユニバーサルデザインが福祉と密接な関係をもつ必要があります．また，使いやすさという観点からは，人間工学とも密接な関係があります．安心，安全，快適な生活が長く続くためには持続性が重要となります．そのためには，支えあい，つながる社会を構築する，あるいは再構築することが求められます．

1.6　デザインとユニバーサルデザインの関係

　もちろんデザインの中にユニバーサルデザインは含まれます．その関係について考える前に，デザインとは何かについて触れてみましょう．デザインの語源は，デッサンと同じく「計画を記号に表す」という意味のラテン語designareです．デザインとは，ある問題を解決するために思考・概念の組み立てを行い，それを様々な媒体に応じて表現することと解されます．デザインというものがなぜ発生したのかというと，英国ではヴィクトリア朝時代，わが国では文化・文政時代に，貴族以外の富裕層が出現し，それらの人がよいモノあるいは人とは異なるモノを望むようになったからといわれています．そして，大量生産が可能になると，デザインを変えることにより，製品の根本を変えなくてもあたかも全く新しい製品を作りだしたように見えるということが認識されるようになってきました．すなわち，デザインが製品に新たな価値を与えることが認識され，消費者

1　ユニバーサルデザインってなあに

の購買意欲を刺激することがわかってきました．1970年代，1980年代の古きよき時代のアメリカの車を見ると，デザインが重要視されていることがよくわかります．アメリカ車は数年ごとにデザインを大幅に変更して新しいモデルを発表していましたが，ヨーロッパ車はあまり大きな変更をしていません．もちろんデザインの考え方に違いがあるとは思いますが，アメリカには多くの富裕層，購買層がいるのではないかと思っていました．

　ここで，もう一度デザインという言葉について考えてみましょう．英和辞典によればデザインは，「設計」「意匠」「図案」と訳されます．図案というと表現が平面にとどまってしまう感じがしますし，設計ではむしろ機能的な表現に偏ってしまう感じがします．しかしながら，ユニバーサルデザインはどちらかというと機能に重きを置いていますので，設計のほうが近いかもしれません．デザインについて考えてみますと，狭義には，設計を行う際の形態，特に図案や模様を計画，レイアウトすることで，芸術，美術的な意味を含んでいます．デザインという言葉が出てくる前に，デザインはなかったのかというと，絵画，陶器，種々の工芸品において美しいモノが沢山作られてきました．このうち，陶器，工芸品はその使用目的があって作られているわけですから，当然のことながら機能を満たすことは必要不可欠です．当然のことながら，当時は多くのモノにおいて人間は多様であるということは認識されていませんでした．例えば，通常の道具は右利きの人しか考えていません．もちろん，最近まで左利きの人に便利な道具類はほとんどありませんでした．

　デザインをもう少し広い意味でとらえると，設計も広義の意味でデザインといえます．事実，英語のdesignは設計，計画という意味を含んでいます．現在では，アーバンデザイン，ライフデザイン，

1.6 デザインとユニバーサルデザインの関係

キャリアデザインといわれるように,設計あるいは計画という意味で多く使われています.前述のように,ユニバーサルデザインでは機能が重要視されていますので,人間は多様であるという認識に立っていろいろなモノをデザインする必要があります.すなわち,人の形や動作,生理的反応,心理的な感情を考慮することが必要です.このため,ユニバーサルデザインは人間工学と密接な関係を持っています.もちろんユニバーサルデザインもデザインの一つですから,機能性の他に,実現性,経済性,社会性,景観性等の目的実現ためのすべての要因について配慮されていることはいうまでもありません.

コラム 人間工学とは

人間工学とは,大辞泉によると,「生理学・心理学・生産工学などの諸分野を総合的に研究し,人間の身体・能力にあわせて機械・設備を設計しようとする学問」と定義されています.負担を軽くすると同時に,安全性・作業効率を高めることも目的としています.エルゴノミクス(Ergonomics)やヒューマンファクター(Human Factors)とも呼ばれることもあります.さらに,日本人間工学会によると,人間の身体的・認知的・精神的特性を理解し,人間とシステム要素を等距離に捉え,仕事,機械・道具,環境,組織,社会システム,組織文化との相互作用の適正化を図る実践科学が人間工学であるといわれています.そのために必要となる人間工学の理論・原則,各種データや設計・評価手法など,学際領域にわたる学術成果と実践活動を人間工学は対象としています.まさに,人々の安全・安心・快適・健康の保持・向上に貢献する実践科学であり,安全で安心できる健康な社会を実現するために,人間工学は役立ちます.

1 ユニバーサルデザインってなあに

ここで,もう一度デザインの難しさについて触れておきます.前述のようにデザインでは多くの様々な要因を考慮して最適と思われる解を探すことになります.これらの要因間にはトレードオフという関係が生じるという話を以前しました.ここで,もう一度このトレードオフについて詳しく説明します.トレードオフはある要因を良くしようとすると他の要因が悪くなるという関係です.数学的な説明はコラムに譲りますが,通常トレードオフが存在する問題,すなわち多目的最適化問題(最適にしようとする要因が複数個存在する問題)においては,解は唯一ではなく,パレート解という複数個の解の集合として与えられます(図1・7).

> **コラム　トレードオフと多目的最適化**
>
> トレードオフとは,「あちらを立てればこちらが立たずというような,複数の条件を同時にみたすことのできないような関係を指します」.例えば,地震に対して安全な構造物を作ろうとすると,当然費用が高くなります.安全性が最も高くてしかも最も安い構造物を作ることは事実上不可能です.通常は,どちらかを制約条件にして他のものを最適にする形で定式化をします.すなわち,必要最低限の安全性を制約条件として,最も安い構造物を造るという形で定式化します.ところが,問題によっては,両方とも最適にしたいという問題もあります.このような場合には,最適化する目的関数を複数個設定します.このような目的関数が複数個存在する最適化問題を多目的最適化問題と呼びます.多目的最適化問題では,各目的関数に適当な重みを与えて,その総和として唯一の目的関数を求めて,通常の単一最適化問題に変換して解を求めることがよく行われます.しかしながら,複数の目的関数をそのまま考慮したいという場合も時にはあります.この場合には,最適解の定義から,新たに考えなおすことが必要となります.通常の最適解の概念の多目的最適化への単純な拡張は,完全最適解と呼ばれます.これは,直感的にはどの目的関数に対しても最適という性質をもちます.数学的には,以下の多目的最適化問題で説明できます.

1.6 デザインとユニバーサルデザインの関係

$$\text{minimize} \left(f_1(x), \cdots, f_n(x)\right)$$

subject to $x \in \Omega$

において，x^* が完全最適解であるための必要十分条件は

$$\forall x \in \Omega,\ \forall k \in \{1, \cdots, n\},\ f_k(x^*) \leq f_k(x)$$

と記述されます．単一目的の最適化問題の場合と異なり，完全最適解は常に存在するとは限りません．通常はある目的関数に対して最適な x は，他の目的関数に対しては最適ではありません．このような問題に対処するために，パレート最適という概念が考え出されました．パレート最適の直感的な定義は，次のように表現できます．
「x^* がパレート最適解であるとは，$f_k(x^*)$ を全ての点で下回るような $x \in \Omega$ は存在しないことをいう」
すなわち，パレート最適解（図1・7）とは，前に述べたトレードオフの関係を保つギリギリの解の集合といえます．以下に，目的関数が2つの場合のパレート最適解の例を示します．

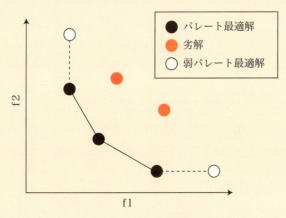

図1・7 パレート最適解

多目的最適化の目標は，大雑把にはパレート最適な解を求めることです．

1 ユニバーサルデザインってなあに

　このように厳密にトレードオフ関係を考え，パレート最適解から望む解を得ようとすると，何かを妥協した解になってしまいます．すなわち，機能は満足できるが丈夫ではない，あるいは機能は満足できるが美しくないというデザインになってしまいます．確かに，ユニバーサルデザインでは機能が最も重要です．しかしながら，機能を重視したために壊れやすくなっては実際の役には立ちません．また，機能も安全性も満足できるが美しくないものはどうでしょう．やはりこのデザインにも満足はできないでしょう．それでは，どうすれば良いのでしょう．

　ここがデザイナーの腕の見せ所です．新たな考え方を導入して今までなかったものを作り出すことが望まれます．そのためには，ユニバーサルデザインの本質を理解し，真に必要な機能とは何か，またそのプライオリティ（優先順位）はどうかについて十分な検討・調査をすることが必要です．そして，新材料や新たな技術の適用の可能性について検討をすることが望まれます．さらに，機能が十分満たされれば，次は美しい形，色，質感等についての検討をしなければなりません．そして，できれば安価に容易に製作できることも望まれます．

　次に，デザインの3要素として，製品のデザインでは，美と用とメッセージ，公共物のデザインでは，用・強・美ということがいわれています．製品のデザインでは，目的として機能を果たしかつ美しくなければならないが，その上にそのデザインが何かを主張してメッセージを発しなくては良いデザインとは言えないことを示しています．これに対し，公共物のデザインでは，まず機能が満たされており，十分安全（高強度）であることが重要視され，それから美しいものが望まれます．つまり，デザインの対象物によって，重要とな

1.6 デザインとユニバーサルデザインの関係

る要素の重みが少しずつ変わってくるということを意味しています.

特に社会インフラの美しさを議論するには,景観デザインについて考えておくことも有効です.まずそのためには,景観とは何かについて考えてみましょう.中村良夫[4]によると,「景観とは人間を取り巻く環境の眺め」です.眺めとは,

① 外的環境
② 外的環境から網膜が受け取った刺激群(反射光)
③ 刺激群

に一定の脈絡を見出すために特定の刺激をより分ける人間の内的(主観的)システム,の3者の連係からなっています.ここで,眺めと内的システムの関係とは,外的環境が同じであっても人によって眺めは違うことを意味しています.そして,環境とは,山がそびえ,樹木が茂り,霧がかかり,あるいは人家が建っているという,複数の要素(対象物)によって構成されている広がりを持った具体的な土地の状態をいいます.この景観の定義によると,外的環境が同じであっても見る人の主観によって受け取り方が異なることになります.もしそうであれば,優れた景観デザインとは存在しないことになります.すなわち,主観性を超えて景観がすべて個人に帰属し,複数の人間では共有できないということになります.しかしながら,実際はそうではなく,内的システムは完全に独立ではありません.風土,文化が同じであれば,共通の傾向をもちます.また逆に,ゲシュタルト心理学では,ゲシュタルト法則(近接した要素はひとまとまりとしてとらえられる,類似した要素は互いにまとまりをなして見える)は,人間のそれまでの経験の土壌の違い,つまり文化的差異にあまり依存しないという報告もあります.

1 ユニバーサルデザインってなあに

　それでは，ユニバーサルデザインでは何を重視すれば良いのでしょうか．やはりまず機能でしょう．前述した公平性，利用の柔軟性，直感に訴える単純さ，情報の認知の容易さ，失敗に対する寛容さ，少ない身体的負担，そして何よりも大きな余裕のある空間を目標により便利なものを創っていくという努力が大事でしょう．

　とはいっても，デザインという限りは，やはり美しさは必要です．デザインにはトレードオフという問題が出てくるという話をしましたが，用・強・美のデザインの3要素は本当にトレードオフ関係があるのでしょうか．もちろん，ある程度のトレードオフの関係はあります．しかしながら，このトレードオフ関係を小さくすることは可能です．通常，トレードオフ関係がある最適化問題では，パレート解から好ましい解を選択します．つまりどの解もすべての目的を最大限満足しているわけではなく，いくばくかの妥協をせざるを得ないわけです．

1.7　ユニバーサルデザインの手順

　次にユニバーサルデザインの手順を紹介します[5]．もちろんユニバーサルデザインもデザインの一種ですから，一般のデザインの手順と本質的には同じです．

　ユニバーサルデザイン開発のプロセスとしては，まずはじめに，ユニバーサルデザインプロセスの概要，ユニバーサルデザインの準備，通常のデザイン作業プロセス，簡略化したユニバーサルデザインプロセスの検討を行います．そのとき，ユーザーを特定するために分類表を用意します．最近では，ユニバーサルデザインマトリックスがよく使われます．ユニバーサルデザインマトリックスとは，個々の状況に応じたユニバーサルデザインの要求事項や問題点を効

1.7 ユニバーサルデザインの手順

果的に抽出するためのマトリックスです．各列（横方向）にユーザーグループ，各行（縦方向）に商品の3側面と操作の個別タスクを設定し，その交差するマス目（セル）にユニバーサルデザインに関する個々の問題点，要求事項あるいは解決案を記入するものです．その作成には，以下の事項に注意をする必要があります．ユーザーグループは「ユーザー分類表」から想定されるユーザーグループを抽出するか，個々の状況に応じて独自に設定したユーザーグループを当てはめます．操作の個別タスクは，基本タスクを参考に一連の操作過程をひとつひとつに分解したタスクを当てはめます．そして各セルには，該当するユーザーグループが個々のタスクで想定される問題点，要求事項等を記入していきます．次に要求事項を抽出します．その方法としては，ユニバーサルデザインアクションチェックリスト参加型要求事項抽出方法（ワークショップ方式），簡易タスク分析，直接観察方法等があります．この調査検討が終われば，次のステップはデザインコンセプトの構築です．次に，ユニバーサルデザイン仕様書を作成します．そして，実際にデザインを行うことになります．最後に，得られたユニバーサルデザインの評価を行います．これは，もちろんデザインコンセプト項目に基づいて評価を行うわけですが，それにはユニバーサルデザインアクションチェックリストを活用すると効果的です．この最終評価で他のデザインと最も異なるのはユーザー参加型評価を行うことです．ユーザー参加型評価とは，実際にそのものを使用するユーザーが実際に使ってみて，その使い方，耐久性，美しさ等の評価を行うことです．

② ユニバーサルデザインの基礎

　第1編で，ユニバーサルデザインとは何か，バリアフリーとはどのように違うのか，そしてその歴史について簡単に述べてきました．また，一般のデザインとユニバーサルデザインの関係について触れました．さらに，ユニバーサルデザインと関連する景観デザインとの関連についても説明しました．本編では，ユニバーサルデザインについてもう少し詳細に述べます．まず，ユニバーサルデザインに必要な考え方から説明します．

2.1　ユニバーサルデザインに必要なもの

　1980年代にノースカロライナ州立大学（米国）のロナルド・メイスによって7つの原則が提唱されています．

① どんな人でも公平に使えること
　　ユニバーサルという言葉は「あらゆる」「すべての」という意味ですから，高齢者，幼児，障がい者，だれもが平等に使えることが必要です．

② 使う上で自由度が高いこと
　　使い方が唯一で自由度があることを示しています．

③ 使い方が簡単で，すぐに分かること
　　その際に，その使い方が誰にでも容易にわかること．この場合，人種，言葉，文化の違いも含みます．

④ 必要な情報がすぐに分かること

2 ユニバーサルデザインの基礎

使用する状況や，使用する人の特性（感覚能力を含みます）によらず，必要な情報が効果的に得られること．
⑤ うっかりミスが危険につながらないこと
うっかりして何らかのミスをしても，その結果が重大な事故を引き起こさないこと．安全性，頑健性が確保されていることを示します．
⑥ 身体への負担がかかりづらいこと（弱い力でも使えること），幼児や車いすの人でも容易に使えること．
⑦ 接近や利用するための十分な大きさと空間を確保すること
どのような人でも使えるような十分な空間スペースがあることを示します．

この7つの条件は，何もユニバーサルデザインのみに必要というわけではなく，デザインそのものに本来必要なものです．この中で，①，③，⑥の条件が特にユニバーサルデザインに密接に関係しています．

2.2 ユニバーサルデザインが目標とするもの

ユニバーサルデザインの基本は比較と進歩といわれています．比較とは現在使われているものとの比較を通じて皆が使いやすいデザインを追求することであり，進歩とは，常に改善を考えることです．この点からはユニバーサルデザインは常に改善する課程（プロセス）を重視するデザインともいえます．もちろん，ユニバーサルデザインの究極の目標は，すべての人を対象として100パーセント完全なものを目指すことです．しかしながら，実際にはこのことは不可能であるので，不都合を感じる人をできるだけ減らそうと考えます．そして，減らすために常に改善を考え，実践することになりま

す．この過程がユニバーサルデザインの本質です．社会が求めるユニバーサルデザインというものは，時代とともに変わっていくものであり，最終目的地に向かう過程（プロセス）そのものということができます．一方，他の考え方として，ユニバーサルデザインはある一人のデザイナーがすべてを決めるのではなく，多くの人が参加をして改善を行っていく，利用者志向の「参加型デザイン」とも考えられます．すなわち，ユニバーサルデザインは，より多くの利用者，使用者の使い勝手を重視し，ユーザーを第一に考えるデザインといえます．ヨーロッパでは，ユニバーサルデザインを考えるときに「User Involvement」（利用者本位）ということがいわれています．これは，いろんな人たちの声を集めるという意味ですが，ただ意見をいうだけ，聞くだけではなく，参加していくことが含まれています．計画，構想の段階から参加し，利用者・使用者のニーズを取り入れ，改善を続けていく「参加型デザイン」ということができます．以上の基本的考え方をまとめると，

・プロセス（過程）の重視 → 常に改善を考える過程の重視

・参画性の確保 → 利用者参加による利用者志向の追求

となります．

2.3 ユニバーサルデザインに関する素朴な疑問

2.2でユニバーサルデザインの目標は，すべての人を対象として100パーセント完全なものを目指すことですが，実際にはこのことは不可能であるので，不都合を感じる人をできるだけ減らそうとしていますといいました．しかしながら，できるだけ減らすというこ

とをどこまで考えれば良いのでしょうか．もちろん，ほんの少しでも現状がよくできれば良いともいえますが，やはり実際は目に見えるいくばくかの改善が望まれます．そして，誰かにとって何かをよくすると，他の人にはそれがかえって改悪になってしまうということも考えられます．設計でいうトレードオフという問題が生じるのです．

少し身近な例について考えてみましょう．多くの駅で目の不自由な人のために黄色に塗られた凹凸のあるブロックが設置されています．もちろん，これは視覚障がい者には必要不可欠なものです．しかし，車いす利用者にはこのブロックはスムースな移動を阻むものとなります．また，黄色は景観上美しくないという人もいます．このことをバリアフリーデザインということで考えると，視覚障がいのある人には黄色が最も認識しやすい色なので，この色を変えることはできない，また歩きにくくてもその他の人は辛抱しなさいということになるかもしれません．しかし，ユニバーサルデザインとしてこれで良いのでしょうか．視覚障がいのない人にとってもやはり快適であることが望まれます．本当にユニバーサルデザインは確立できるのでしょうか．この一つの例をとっても，このような素朴な疑問が浮かんできます．

2.4 ユニバーサルデザインに関する困難さ

2.3の疑問についてもう一度考えてみましょう．ユニバーサルデザインは比較であり，以前より少しでも良くなれば，それはユニバーサルデザインであるともいえます．しかし，2.3の例のように，ある人にとって良くなったけれども，他の人にはかえって悪くなってはやはりおかしいと思われます．ここで，もう一度，ユニバーサル

デザインの要件について考えてみましょう．他の例として自動ドアを考えてみます．自動ドアは障がいある人，障がいのない人，あるいはたまたまドアを開けることが容易ではない人，すなわち両手にモノを持っていてドアが開けられない人やベビーカーを押しているお母さん等にとっても非常に便利なものです．この例では，トレードオフの問題はあまりないように思われます．ここで重要なのは公平性です．すべての利用者にとって同一の方法で利用できることが，そしてある人だけを特別扱いしないことが求められます．さらに，このデザインが誰にとっても魅力的で美しいモノであれば素晴らしいものとなります．もう一度視覚障がい者誘導ブロックについて考えてみましょう．なぜこの場合，トレードオフ問題が出てくるのでしょうか．普通トレードオフは，前提となる制約が厳密に存在し，それを超過することは許されないという仮定があるので生じます．トレードオフ問題の解は，通常妥協解となります．すなわち，みんな少しずつ譲歩して全員にとって最適ではないが，なんとか納得できる解を得るということになります．このような解では，誰にとっても魅力的な解とはいえません．

2.5　ユニバーサルデザインで考えるべきこと

　ユニバーサルデザインのトレードオフ問題の解決法について考える前に，ユニバーサルデザインで見落とされがちなことについて考えてみましょう．ユニバーサルデザインにおいて第一に考える対象は障がいのある人になります．ところで，障がいのある人がどのように感じているか，不自由さはどのようなものであるかをデザイナーは本当に理解しているのでしょうか．あるいは，どの程度理解できているのでしょうか．デザイナーが健常者であれば，実感として障

2 ユニバーサルデザインの基礎

図2・1 疑似体験

がいのある人の問題点を理解できません．それで，よく疑似体験，例えば，目隠しをして街を歩く，車いすに乗って目的地に行く，体に重りをつけて歩く，関節や足に拘束具をつけて生活をするなどの体験をすることにより，いままで見えなかったあるいは思いつかなかったことが認識することができます．このような体験を通じて，障がいのある人の立場が理解でき，身体的あるいは心理的バリアが認識できます．

2.6 ユニバーサルデザインにおける誤解

　良いユニバーサルデザインを行うには，疑似体験も有効ですが，やはりいろいろな人と話をすることも必要です．このような活動からいろいろな情報を得ることができますが，ときにどうしても思い込みあるいは偏見から多くの誤解が生じることがあります．我々がおかしやすい誤解については参考文献の[5]に詳しいので，ここで

2.6 ユニバーサルデザインにおける誤解

はその要約したものを示します.

参考文献の [5] によりますと,以下のような誤解があります.

① 加齢に関する誤解
② 妊娠と子供への誤解
③ 右利きと左利きに関する誤解
④ 肢体不自由への誤解
⑤ 視覚障がいへの誤解
⑥ 色覚障がいへの誤解
⑦ 聴覚障がいへの誤解
⑧ 言語障がいへの誤解
⑨ 内部障がいへの誤解
⑩ 精神・知的障がいへの誤解

ここで一番大事なことは,以上のどの場合でも,障がいには個人差があるということです.われわれがやりがちなことは,例えば,視覚障がいというとすぐに目が見えないと考えてしまうことです.このことは加齢による障がいを考えると容易に理解できます.年を取ると,まず目に問題が生じます.すなわち,小さな字が見えなくなる老眼が,早い人では40歳ぐらいから始まります.また,白内障なども起こります.そして,耳も遠くなったりします.さらに,身体に不具合が出てきます.力が弱くなったり,瞬発力が衰えたり,と様々な症状がでてきます.そして,記憶力,判断力も鈍くなってきます.しかし,この衰えの程度には非常に個人差があります.加齢は誰にでも起こることであり,障がいとして非常に理解しやすいものです.同じように視覚障がいにもいろいろな段階があります.ところが,このことは多くの人になかなかに理解されません.視覚障がいには,モノの形がまったく見えない全盲,矯正視力が0.03以下

2 ユニバーサルデザインの基礎

の弱視があります．また，その他にも，色の違いが正確にわからない色障がいもありますし，色覚障がいである赤，緑，青の3原色の判断に何らかの異常がある人もいます．このように障がいの程度により，配慮すべき内容，程度が非常に異なってきます．よく視覚障がいの人には点字が必要だと思われますが，視覚障がいの人の9割は実はこの点字を理解できません．

次に，肢体不自由への誤解について考えてみましょう．身体障がいの半分以上は手や足に障がいのある人です．人の体は体幹と四肢でできています．そのうち両腕に関しては上肢機能障がい，両足に関しては下肢機能障がい，そして体幹機能障がいといわれています．

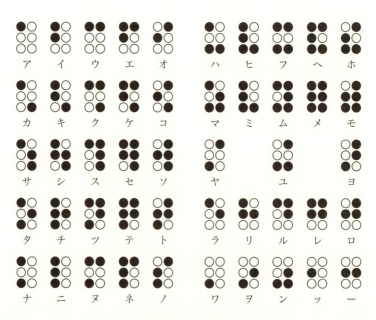

図2・2　点字一覧

視覚障がいと同じく，障がいの部位，程度によって不自由さが変わってきます．聴覚障がいの場合，聴覚に問題があるだけであるので，視覚情報があれば問題はないと思われがちです．すなわち，視覚障がいの人は文字は理解できるので，点字などのような特別な配慮はいらないと思われがちです．ところが，実は文字を覚えるには声に出すことが有用であり，普段音に出していないと忘れてしまうということがあります．このような例も，いわれないとなかなか理解できないことで，十分な注意が必要です．

2.7 ユニバーサルデザインで望まれること

以上のように，ユニバーサルデザインでは誤解されたり，十分認識がなされていないことが実に多くあります．今までは，主として身体的な障がいについて考えてきましたが，もちろん精神的な障がいもあります．精神的な障がいは，一見してわからない場合もあり，より難しい面もあります．個々の場合に対してきめ細かい対処をすることが肝要なのですが，ここでもう一度，ユニバーサルデザインの7原則に戻り，ユニバーサルデザインで望まれることについて考えてみましょう．まずは公平性です．前にユニバーサルデザインでは誰もが公平に使えることといいましたが，本当にそのような例はあるのでしょうか．自動ドアはその良い例でした．自動ドアは大きな荷物を持っている人に優しいですし，障がいのある人，高齢者，そして健常者すべてに便利なものです．このような例だと，すべての人に公平であるということが理解できると思います．次にトイレについて考えてみましょう．和式のトイレが車いすに乗っている人，杖を突いている人にとって問題があるのは明白です．また和式トイレに慣れていない外国の人には使い方がわからないという問

2 ユニバーサルデザインの基礎

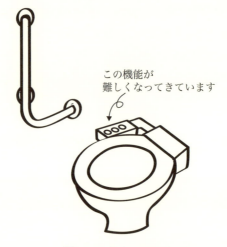

図2・3 トイレのUD

題もあります．そして，現在は洋式トイレで先進的な機能があるものも増えてきています．しかしあまりにも多くの機能があると，かえって使い方がわからないということも起こります．このような場合には，使い方が理解できる説明図をつけることによりある程度問題を解消できます．しかしながら，トイレの調査をしている人に聞きますと，この説明図を何語で書くかがまた問題になるそうです．多くの言語で説明すると，字が小さくなってしまって読めない，図で表しても理解してもらえない場合もある，どの位置に説明図を張るかによって見てもらえるかどうかが大きく変わるという結果もあるそうです．

　次の要件は，単純で直感で使い方が理解できるものにすることです．これは先ほどのトイレの使用法にも通じます．正確に情報が伝達できることが望まれます．そして，もし使い方を誤ったときには，

すぐにリカバリーできる，エンターキーなどがわかりやすいところにあることです．例えば，テレビやパソコン等の操作ボタンがあまりにも複雑であれば，なかなかすぐに思うとおりには使えません．そのとき，簡単にやり直せることが必要です．

エンターキーの配置が重要！

2.8　ユニバーサルデザインの実践

　以上に述べてきたように，ユニバーサルデザインの確立には非常に多くの問題点があります．それでは，実際にユニバーサルデザインを実践していく上で大事なことは何でしょうか．ユニバーサルデザインのみでその目標が達成できるわけではないことをよく認識して，やはりヒトがその目標のための手助けをすることが望まれます．もちろん，将来ロボットがヒトの気持ち，感情を理解して対応の仕方を変えて，誰にでも最上のサービスをしてくれる可能性もありますが，やはり最上のサービスはヒトの思いやりを含めた温かいおもてなしではないでしょうか．そして，何かの機能を付加すると，また新たな問題が生じることも多くあります．そのようなトレードオフ問題である人たちに辛抱をしてもらうのではなく，まったく新しい概念，アイデアでそれを新たな視点から解決していく先端的な技術の開発が望まれます．そのためには，前に述べた誤解，先入観を

排除して，真に必要なことを明らかにしていく努力を続ける必要があります．

2.9 ユニバーサルデザインを支援する技術

ここでは，少し視点を変えてユニバーサルデザインを支援するための最新技術を紹介します．その前に，ユニバーサルデザインを実現するためには，やはり何らかのガイドラインというべき規格（Standard:「標準」と同じ意味）の整備が重要です．現在JIS規格に30以上の国内規格が制定されています．もちろん国際規格もあり，2001年には基本規格であるISO/IECガイド71が日本が議長国となって制定されています[6]．

いままでユニバーサルデザインの対象として，主として車いすの利用者を中心に考えてきましたが，当然それ以外の人も対象にする必要があります．ここでは，視覚障がい，特に色覚に関する取り組みを紹介します．色覚について，特定非営利活動法人カラーユニバーサルデザイン機構が提唱している「一般色覚者（C型）」，「色弱者（P型，D型，T型，A型）」という分類があります．この色弱者は日本では男性では約20人に1人，女性だと役500人に1人で，日本人全体では約320万人以上となります．色弱は表に出ないため，あまり注目をされていませんが，実は多くの人がいるわけです．さらに，

2.9 ユニバーサルデザインを支援する技術

色覚にはいろいろなものがあり，さらに老化に伴うものもあります．色弱者の見え方を理解することは非常に困難です．現在のような情報化社会になると，この色覚の問題が非常に重大なものとなってきています．一般色覚者には当然のことなのに，色弱者には情報伝達が十分に行われず，情報が伝わらないことになり，不便さと不安を感じさすことにもなります．色弱者の色の見分けさを理解するためにCUDチェックツールが開発されています．CUDとはカラーユニバーサルデザイン（Color Universal Design）を指します．このCUDチェックツールの普及に伴い，CUDの理解も進み，CUD化がいろいろな分野で進みつつあるという報告がなされています[7]．

他の視覚障がい者の人のために，無色透明な紫外線硬化樹脂インクを用いた点字・触知図も普及しつつあります．この方法は文字や絵が印刷された上に点字や触知図を印刷できるというメリットがあります．その他にも，視覚障がい者のための筆記具「触図筆ペン」というものも開発されています[8]．

次に，より一般的な最新技術を用いた障がい者のためのインタフェースについて考えてみます．最新テクノロジーを用いると，障がいのある人の生活が大きく変わると思われます．例えば，本（印刷をした）を読めない人も，電子書籍とすることにより，音声に変換することにより読めることになります．コンピュータへの入力も，キーボードを用いずに，音声あるいは目の動きで入力することができます．聴覚障がいのある人には，スマートフォンを用いてチャットをすることができます．このように，実はICT技術がユニバーサルデザインの有力な支援技術になってきています．特に，ここ数十年のパソコンの発達は障がいのある人の生活を大きく変えています．パソコンにより，多くの障がいのある人が困難である読む，書く，

計算する,記憶する,情報を入手する等のことが行えるようになりました.

そして,近年はこのパソコンに代わりスマートフォンあるいはタブレットが大きな役割をするようになってきています.そして,障がいのある人が学ぶためのアプリ等も開発されてきています.東京都障害者IT地域支援センターがまとめたホームページに多くのアプリが紹介されています[9].また,基本OSであるWindowsやMacOS,iOS,Androidにおいても,障がい者支援機能は当たり前のように準備されています.例えば,拡大,コントラストの調整,音声によるサポート等は当たり前の技術となっています.

2.10 ユニバーサルデザインに関連するいくつかの事例

次に,2.1に示した7つの条件(ユニバーサルデザインの7つの公理ともいえるかもしれません)を考慮して,我々の周りにあるいくつかの事例を紹介しましょう.ユニバーサルデザインで考えるべきバリアには物理的バリアと精神的バリアの2つがあります.物理的バリアとは,階段であるとか,段差とか,重い扉とか,容易に考え付くものですが,精神的バリアとは,多くの人にある思い込みや誤解によるバリアです.また,この中間にソフト的バリアもあります.個人差による理解力の差,情報処理能力,人種・文化の差に由来するものです.これらのバリアに対して多くのユニバーサルデザインが考えられています.1番目は公共サービスについてです.安全・安心の街づくりです.いうまでもなく,安心・安全は誰もが生活を送る上で必要最小限のものです.次に公共交通機関の円滑化があげられます.交通機関による移動は我々が社会生活を営む上で欠かせないものです.交通手段に関するユニバーサルデザインとして最も多く

2.10 ユニバーサルデザインに関連するいくつかの事例

目にするのはエレベータです．あまりにもよく目にするので，ユニバーサルデザインと認識されていないかもしれません．エレベータは誰にとっても便利なものですが，エスカレーターは利用できない人が存在します．交通機関に関しては，路面電車，バスの低床式のものが最近では増えています．また，ユニバーサルデザインを考慮した自動車も販売されていますし，ユニバーサルタクシーも導入されつつあります．

切符の自動販売機も含めて自動販売機にもユニバーサルデザインへの配慮もされつつあります．コインの挿入を容易にしたり，取出口を低くしたりしている例も見られます．当然総合案内板等にも多くの配慮がなされつつあります．多言語，ピクトグラム，点字等が併設されています．遊歩道や公園等にも手すりのついた遊歩道や肘付きのベンチ，トイレや洗面所，無散水消雪歩道，車いす対応の劇場などがあります．少しソフト的なものとしては優れたわかりやすい案内システムが考えられます．また，誰でも楽しめる空間も必要でしょう．さらに，我々の周りにある種々の製品が考えられます．その他にも，広告，放送，情報，制度に関する多くの問題を解決するための基盤がユニバーサルデザインから見えてきます．

3 ユニバーサルデザインの応用

2.10でユニバーサルデザインの例を公共システムや建築，種々の製品，その他の情報・制度に関するものに分けました．ここでは，この分類に沿って，具体的にユニバーサルデザインの応用例とその考え方を紹介していきます．ここでは，より広範囲のユニバーサルデザインの考え方と実例を紹介していきます．

3.1 住まい環境のユニバーサルデザイン

(i) ユニバーサルデザインを考慮した住まい

誰でもが快適に住む家の要件について考えてみましょう．参考文献の[3]によると，我が国の家とアメリカの家を比較して，考慮すべき条件がいくつかあげられています．

① 玄関に段差がない
② 広い空間
③ 床の段差なしとスキップフロアー
④ ドアは最小限
⑤ トイレと洗面とのワンルーム
⑥ 広い廊下幅
⑦ コンセント位置を高く

等です．以上の項目は車いすを使用する人には必要な配慮事項です．しかしながら，高齢に伴う障がいは個人により千差万別であり，また幼児にとってはかえって障がいとなる事項もあります．よって，

3 ユニバーサルデザインの応用

ユニバーサルデザインとしては,アダプタブル(適応する)という概念が考え出されています.例えば,手摺が取り付けることができるように壁を補強しておく,流し台のキャビネットを取り外せるようにしておく,というものです.このような住む人に合わせて適応できるようにデザインをしておけば,住む人が変わっても新たな人に合致した形に変更できるというものです.

もう少し具体的にユニバーサルデザインの要件について考えてみましょう.常に家の中のみにいるわけではなく,外出することもありますし,また他の人が訪ねてきます.そのためには道路から家に容易に近づけることが必要です.そして,玄関から容易に家の中に上がれることが必要です.さらに,家族,訪問者が身体的負担なく利用できることが必要ですし,生活に必要な機能が十分果たせることが必要です.すなわち,使いやすく,将来の環境の変化に容易に対応できることも望まれます.災害等の緊急時にも安全性への十分

図3・1 段差のない玄関

「住宅再生専門店 ヴィンテージ木ここち 外から家の中まで段差なしで入れる家」 株式会社オカムラホーム

3.1 住まい環境のユニバーサルデザイン

な配慮が必要です．安心・安全かつ持続可能性が確保されていることはいうまでもないことです．以下に参考文献[10]に示されている事例を紹介します．

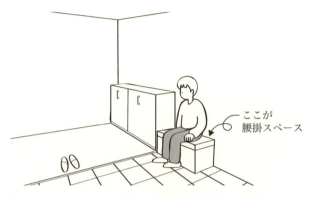

図3・2　ユニバーサルデザインを考慮した住まい（腰掛スペース）

図3・3　ユニバーサルデザインを考慮した住まい（高さを変えられるキッチン）

3 ユニバーサルデザインの応用

図3・4 ユニバーサルデザインを考慮した住まい（多様な人に対応した浴室）

(ii) オフィスのユニバーサルデザイン

　ユニバーサルデザインは高齢者や障がいのある人のためのものであって，オフィスには必要ないと考えていた企業も過去多くありました．しかしながら，高度経済成長期には多くいた若くて健康な男性はいまや半数以下になっています．団塊世代が退職した後も，それに続く高い年齢層も多く，若い層はバブルが弾けて以降採用を手控えていた影響もあり非常に少ないというのが現状です．このような労働力不足の中では，高齢者，女性，障がい者，外国人等も働き手として考えなくてはならなくなってきています．そのためオフィスは誰にでも快適なものにする必要が出てきています．建設現場における女性従業員への配慮や，外国人労働者のための特別な配慮，例えばイスラム教徒であれば，礼拝場所の確保というように，従来考えられなかった配慮が必要になります．

　具体的な取り組みとして，参考文献［11］で紹介されているユニバーサルデザインの視点からみたオフィスづくりについて考えてみ

3.1 住まい環境のユニバーサルデザイン

ましょう.参考文献 [11] では,オフィスの基本性能として以下のものをあげています.

① 安全に避難できること

　非常時の避難は,ユニバーサルデザインの重要な要素のひとつです.非常時の警報として,視覚や聴覚の両方に訴えるものを設置することは,全ての人にとって有益なことです.また,すばやく移動ができない人もいるので,非常時には人的なサポートを受けられるようにするなど,運用面でのサポートも必要です.

② 安全な生活を行えること

　視覚に配慮が必要な人や,歩行に配慮が必要な人は,段差でつまずいたり,家具にぶつかったりしてしまう危険にさらされています.基本的な対策ではありますが,床面はできるだけフラットとし,段差が生じる場合には,コントラストの差をつけるなど,危険が察知できるようにしておく必要があります.運用面でも安全な通路を確保することが重要です.

③ 必要な場所に移動できること

　車いす利用者など,移動に障害がある人の移動ルートを確保することが,ユニバーサルデザインに配慮したオフィスに求められます.

④ 働きやすく生活しやすい環境を用意すること

　オフィスで働く誰もが,働きやすく生活しやすい環境であることを望んでいます.入口まわりでは,よく車いすのアクセスルートが一般の人とは違うケースがありますが,これはよくありません.

⑤ 現在の居場所や目的とする場所を認識しやすいこと

3 ユニバーサルデザインの応用

　オフィスが大規模で,均質化するほど自分の居場所や目的とする場所を間違いやすくなります.サインなどの表示も見やすくわかりやすくすることが大切です.
⑥ 空間,家具,機器などの使い方を理解しやすいこと
　操作の仕方が単純で,簡単であることが必要です.空間,家具の使い方がすぐわかる例としては,分別ゴミを収集するボックスがあります.ペットボトルや缶など投入口を入れるものの形状にすることがよく行われています.
⑦ 自然な姿勢を保持し無理な姿勢にならないこと
　体格や身長といった,人体の寸法や動作域に配慮することは,ワーカーの健康から考慮しても重要な要素です.
⑧ 疲労が軽減すること
　デスクは無理な姿勢をとらずに必要物を取り出せることが疲労軽減につながります.会議室では情報を伝えるための見やすさが大切です.そのため照明,窓のブラインドなどを総合的に考えるべきです.さらに音の問題もあります.
⑨ 複数の手段を用いて確実にコミュニケーションできること
　コミュニケーションでは,サインを日本語・英語・中国語などを併記することも必要です.無人受付のシステムでは部署ごと,あいうえお順など複数の方法で探せるよう,検索性を高めることが望まれます.
⑩ 自分の使いやすいように環境を設定できること
　ワークステーションでは,ワーカー自身が働きやすくするため,自分の使いやすいように環境設定できるようにします.カスタマイズできるようにオプショナルパーツを用意します.また大規模なオフィスになると,誰がどこにいるのか特定しやす

3.1 住まい環境のユニバーサルデザイン

いことも必要です．

さらに，オフィスでは重要な家具，オフィスシーティング，デスクシステム，会議テーブル，収納キャビネット，その他の家具についても，注意点が示されています．

(iii) ビジネスホテルのユニバーサルデザインルーム－松本駅前ホテル飯田屋のケース－

出張や観光の拠点としてなくてはならないのが宿泊施設です．最近ではユニバーサルデザインルームを標榜するホテルや旅館が少しずつ増えていますが，古い施設ではまだまだ未整備のところも多いと考えられます．特に気軽に泊まれるビジネスホテルは効率が優先されるためか，ユニバーサルデザインへの配慮は殆どなされていないのが現状です．以前あるホテルチェーンが折角ユニバーサルデザインの考え方に基づいて設計されたところを，経済性を重視して撤去して問題になったことがありました．もちろん原因は空間の狭さ

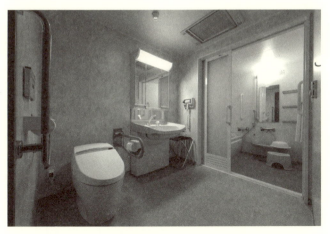

図3・5　ホテル飯田屋のユニバーサルデザインルーム

です．ゆったりとくつろぐというよりも，窮屈さを我慢しつつ部屋の仕様に体を合わねばならないのが現状です．こうした事態は車いすの利用者にとって深刻です．部屋の移動はもちろんのこと，風呂やトイレの利用においてぎりぎりまで節約された空間は利用不可能なバリアでしかありません．そうした多様な人々への宿泊ニーズに配慮すべく，松本駅前に位置するホテル飯田屋は改修工事にあたり2部屋にユニバーサルデザインの視点を導入しています．

(iv) 松本のUDモデル住宅 －ユニバーサルデザインとエコロジーの両立をめざして－

　長野県松本市でユニバーサルデザインのモデル住宅が建設されました．設計・施工は建築研事務所と地元工務店6社から成るUD住宅建設共同企業体です．通常は顧客の発注に基づきますが，ここでは30歳代で始めて住宅を購入する施主を想定して調査・研究をした後に設計・施工を行っています．このモデル住宅には全4棟の小規模住宅分譲地が隣接しています．

3.2　建築・都市のユニバーサルデザイン

(i) グランドワーク三島が主導する「水の都」のまちづくり－源兵衛川再生のしくみ－

　優れたまちづくりはユニバーサルデザインそのものに通じます．住民自らが行うまちづくりでは，使い手と作り手が同じ立場になります．そこには，みんなの気持ちを反映するテーマ，参加の仕組み，無理なく継続できるプログラムが必要です．グランドワーク三島はそうしたユニバーサルデザインのまちづくりを自然環境との共生で実践している良い例です（図3・6）．

3.2 建築・都市のユニバーサルデザイン

図3・6 グランドワーク三島の源兵衛川まちづくり

(ii) 歴史的価値と機能の融合:ニューヨーク・グランドセントラル駅に見るユニバーサルデザイン

　マンハッタンのシンボルといえば摩天楼です.エンパイアステートビルがまず目に浮かびますが,ありし日のワールドトレードセンターも思い出されます.2001年の「9.11」の悲惨な記憶を引きずりつつ,跡地には総工費15億ドル(約1650億円)をかけたフリーダムタワーが建設されました.ダニエル・リベスキンドとSOMのデビッド・チャイルドの合同設計で,オフィスビルやメモリアルの複合施設となっています.高さ1 776フィート(約550メートル)はアメリカの独立記念日にちなんだとのことです.この高層ビルの周辺には昔ながらのたたずまいを残す建物も健在です.市の条例により,歴史的建造物の保全が徹底しているためです.感心するのは,人々が日常的に施設を使っていることです.古いからバリアだらけに違いないと懸念するには及びません.居心地のよさに加え,アクセシビリティも確保されています.新しさと古さが見事にマッチしています.

3 ユニバーサルデザインの応用

⑱ UDの都市空間：カールスルーエ市／ドイツ

日本の自治体関係者が，まちづくりのお手本としてよく視察に訪れるのがカールスルーエ市（ドイツ）です．中心市街地は自動車の乗り入れを禁止したトランジットモールで，障がいのあるなしにかかわらず，誰もがまち歩きを楽しめる都市空間が形成されています．

⑲ 都市計画のユニバーサルデザイン：路面電車を活用したフライブルク市の公共交通システム

フライブルク市はドイツ南部のライン川沿いにあり，黒い森（シュヴァルツヴァルト）の西端に位置する人口約20万人の中規模都市です．スイスとフランスの国境に近く，スイスのバーゼルからは列車で40分ほどです．同市は原子力発電所建設反対運動の発祥の地であるとともに，LRT（路面電車を軸とした交通システム）を利用したまちづくりを行うなど，国際環境宣言都市の最先端モデルとして世界的に有名です．環境保全の観点から，市の中心部では自動車の乗り入れを制限しており，これにより中心市街地に往時のにぎわいが甦ったといわれています．

3.3 交通・道・サイン環境のユニバーサルデザイン

⒤ 交通のユニバーサルデザイン 日本の先進事例 ～誰もが，自由に，好きな場所へ

「移動の自由」は，すべての人に保障されなければなりません．現在，誰もが自由に好きな場所へ行ける「交通のユニバーサルデザイン」が，国際的な潮流となっており，国内においても，さまざまな実験やプロジェクトが行われています．

⑾ バス・電車とユニバーサルデザイン

今から新しく作られるバスや電車は，だれにでも乗りやすく降り

3.3 交通・道・サイン環境のユニバーサルデザイン

やすくすることが要求されています．今までは，バスに乗るには高いステップを上らなければなりませんでしたが，新しく設計されたバスでは，乗る場所もイスのある場所も同じ高さになっています．かんたんに乗り降りすることができますし，ベビーカーなどを乗せやすい構造になっています（図3・7）．電車や新幹線も，どんどん便利な作りになっています．通路が狭い新幹線の中では歩くことは大変で，走るとゆれるので危険です．立って歩くときに転ばないよう

図3・7　ノンステップバス

図3・8　新幹線の座席のUD

3 ユニバーサルデザインの応用

図3・9 阪堺電車「堺トラム」

に，通路側の座席の角に，丸いボール状の手すりが付けられています．人の手の形に合わせて作られているので，つかみやすくなっています（図3・8）．

大阪を走る阪堺電車では，超低床車両である「堺トラム」を運行しています．段差のない広々とした車内は，車いすでもベビーカーでも乗り降りしやすい快適な移動空間となっています（図3・9）．

(iii) 案内図とユニバーサルデザイン

駅やデパートの中には，通路やお店などの地図が必ず付けられています（図3・10）．トイレやエレベーターの場所を見るときにも役立ちます．また，矢印などで場所を教えてくれているものもあります．これらもユニバーサルデザインを考えて作られているものが多くなってきています．だれにでもわかるようにということは，日本

3.3 交通・道・サイン環境のユニバーサルデザイン

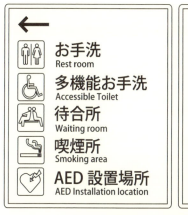
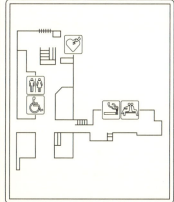

図3・10　駅の構内図の例

図3・11　レストランとバス乗り場のUD図例

語がわからない人でもわかるようにしなくてはなりません．我が国では，英語もいっしょに書かれていることが多いのですが，どちらも分からない外国の人や子供には理解できません．そのため，図で表すことで，みんながわかるようにしています．レストランであればナイフとフォークの図（図3・11），バス乗り場ではバスの形の図（図3・11）というように，図から何があるのかをすぐにわかるようになっています．もちろん，目の不自由な人のために点字で表すことも忘れずに作られています．

3.4 旅と観光のユニバーサルデザイン

　障がい者，高齢者が旅に出るということはそれほど容易ではありません．障がい者というと一般に車いすの人を想像してしまいますが，障がい者の中には，視覚障がい，聴覚障がいのある人も含まれており，その人たちへの配慮はあまりなされていません．歩行障がい者が電車の中へ車いすで入っていくとかなり敬遠した対応をされることが多いです．これは，一般の人が障がい者への対応に慣れていないことが一番大きな原因ですが，裏返しをすれば全く興味を持っていないことを意味しています．我が国では，障がい者を特別な人として区別している傾向があり，子供の時から障がい者に接したことがないことがその理由ではないでしょうか．特別扱いをすることは，障がい者そして健常者にとっても良いことではありません．同じサービスを受けるのであれば，障がい者，高齢者であっても同じ料金を支払うべきではないでしょうか．もちろん，そのためには誰もが同等のサービスを受けられることが前提条件です．

　このように高齢者，障がい者の問題は社会全体で取り組むべきものです．高齢者，障がい者というと，福祉に関連するので，行政が税金を使って無償（実際は税金が使われていますが）で行うべきもので，民間会社が利益を求めて行うべきものではないという風潮があります．しかしながら，これでは，高齢者，障がい者問題はいつまでたっても解決しないと思います．最近やっと民間に門戸を開くようになってきましたが，まだまだ福祉は聖域とみなされており，また悪徳民間業者も存在しているのも事実です[12]．

3.4 旅と観光のユニバーサルデザイン

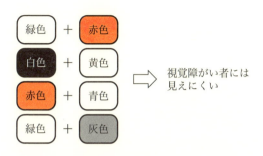

図3・12 視覚障がい者の見えにくい組み合わせ

次に,高齢者,障がい者の旅行を実際に阻むバリアについて考えてみましょう.ハード面では,公共交通機関・タクシー,旅館・ホテル,特にトイレ等にバリアが見られます.ソフト面では,特に聴覚障がい者の人は見た目ではわからないので,情報障がいが生じます.この情報障害は,視覚障がい者にも起こることですが,聴覚障がいの人は目から情報が入ってくるにもかかわらず,耳からの音声情報がないため混乱が生じます.そして,そのことが外見からはわからないので,問題がより複雑になる傾向があります.

観光における高齢者と障がい者のバリアとして,以下のものが考えられています[13].

① 歩行障がい:車いす使用者,杖使用者,下肢障がい者等
② 情報障がい:視覚障がい者,聴覚障がい者等
③ その他の障がい:精神・知的障がい者等
④ 高齢者に関する障がい:脚力低下,視力低下,聴力低下,判断力低下等

残念ながら現在の観光事業はこれらの障がい者,高齢者への対応が十分ではありません.もちろん,最近はかなりの改善はみられて

3 ユニバーサルデザインの応用

います．そして，現在のインバウンド景気に関して外国人に対する対応も不十分です．観光情報の多言語化，公共交通，宿泊施設のユニバーサルデザイン化がさらに望まれるところです．図3・13に具

(a) 道に自転車運転ゾーンのラインを引くことにより障がい者が歩きやすくなる

(b) 歩道と車道の境界を低くすることで，障がい者が歩きやすくなる

(c) 手すりを2本にすることによって障がい者がもちやすくなる

図3・13 歩行障がいを助けるUD

体的なユニバーサルデザインの例を示します．図3・13(a)は京都市の例で道路に自転車ゾーンであることを明記すると，障がい者が歩きやすくなる例です．図3・13(b)，(c)は浜松市の例で，歩道と車道の境界を低くすると障がい者は歩きやすくなり，手すりを2本にすることによって障がい者や幼児がもちやすくなる例です．

3.5 景観・色のユニバーサルデザイン

3.4とも密接な関係がありますが，景観（色彩）にユニバールデザインの考え方を取り入れることは非常に重要です．景観をよくすることにより，観光地の魅力が高まり，多くの観光客の誘致が可能となります．観光だけでなく，その土地に暮らす人にとっても，景観の整備は多くの利益を生みます．そのためには，歴史的町並みの保存，デザインの統一，安心・安全・快適な空間の創出，などが重要となります．そして，誰もが容易に訪れる，あるいはまた来たいという気持ちを持ってもらうことが重要です．そのためにはユニバーサルデザインがしっかり考慮されていることが必要です．

(i) チョンゲチョン（清渓川）復元プロジェクト－エコロジーとユニバーサルデザインの遊歩道 －

2005年10月1日，ソウル中心部に一大土木プロジェクトが完成しました．総工費は3 867億ウォン（約540億円）です．3年の歳月をかけて地上と高架合わせて10車線の道路を撤去し，コンクリートの蓋で覆われた約6 kmの下水道を清らかな流れに変えました．環境悪化で衰退する地域に，都市と自然が調和するかつてのチョンゲチョンが復元されたわけです．車ではなく，歩行者にとって良い環境を取り戻し，環境にもやさしい配慮がなされています．そして，遊歩道が整備され，そのときユニバーサルデザインへの配慮もなされて

3 ユニバーサルデザインの応用

います.地下鉄1〜6号線の駅がすべて徒歩5分圏内にあるので,地下鉄を降りてすぐ散策ができます.高層ビルが立ち並ぶソウルの中心部である第1区間が一番の賑わいを見せており,清渓川には22本の橋がかかり,夜はライトアップもされロマンティックなたたずまいとなっています.

3.6 公園・緑空間のユニバーサルデザイン

公園では人が自然と触れ合い,心が癒され元気になることが望まれます.誰でもが公園を楽しむには,ユニバーサルデザインの考え方が必要です.そのような人と自然にやさしい公園をデザインするには,以下の7つのことに注意することが望まれます[14].

① 様々な利用者への配慮
② 敷地のデザイン
③ みどりのデザイン
④ 園路のデザイン
⑤ 休憩施設のデザイン
⑥ サインのデザイン
⑦ レクリエーションプログラム

(i) 日本初のUD公園「ふれあいの庭」－情報コミュニケーションにおけるユニバーサルデザインの考え方とパッケージデザインでの実践－

「交通バリアフリー法」の影響もあって,広場,道路などのUD化が注目を集めていますが,外部空間で最初にUDが実現されたのは公園においてです.「ふれあいの庭」は大阪府営大泉緑地の一角にある面積0.2 haほどの小さな花園です(図3・14).誰もが,五感を通じて,憩いや安らぎを感じることができるようにUDを基本コンセ

プトとして設計されました.

(ii) 横浜市泉区の親水拠点

　横浜市の泉区では, いずみ中央駅前を流れる和泉川の旧河川敷を利用した親水拠点を平成25年11月にリニューアルオープンをしています. 地蔵原の水辺は水遊び場として地元の人に利用されており, 和泉川親水広場は自然河川の原型を復元しており, 親水性の高い施設となっています (図3・15).

図3・14　ふれあいの庭

図3・15　地蔵原の水辺・和泉川親水広場

3.7 広告のユニバーサルデザイン

　ユニバーサルデザインと広告について考えてみましょう．今まで述べてきたようにユニバーサルデザインが必要となった背景には高齢化が大きな要因となっています．参考文献の[15]によると，広告とユニバーサルデザインの関係には，「ユニバーサルデザイン化を目指すために広告を活用する」という立場と「広告のあり方にユニバーサルデザインがどう関わるか」という2つの立場があります．ユニバーサルデザインを考えるには社会環境の変化を考える必要があります．1つ目の変化は少子高齢化です．2つ目はグローバル化，3つ目は社会の高度化・成熟化，4つ目はこれらの変化により，これまでの法律や社会的規範では対処できない課題が多く発生していることです．

　少子高齢化により広告の受け手がより幅広くなり，成熟化により要求の高度化が起こり，消費者のニーズが変化をしていきています．すなわち，高度成長期と違い，消費者が必ずしもブームや流行に左右されないことも多く起こり，反対にインターネット，SNSの発達により非常に大きな社会のうねりが起こることもあります．

　商品開発，企業経営，産業政策との関係を考えますと，ユニバーサルデザインと広告の関係がさらに明らかとなります．同じく参考文献の[14]によると，ユニバーサルデザインの考え方を取り入れると以下の利点が考えられます．①共用の市場によって経済性と文化性の調和が期待できる，②利用者・場面を選ばない商品によって普遍的な価値の創造ができる，③身辺の不便さが商品企画のアイデアの枯れない源泉になる，④きめ細かい配慮を通じて得意分野での国際貢献できる，⑤時代が共有する様式という一つの文化を創造と普及に参加できると，いう利点です．

3.7 広告のユニバーサルデザイン

次にユニバーサルデザインから見た広告についてみてみましょう．ユニバーサルデザインを考えることから，モノの普及，サービスの普及，心の障がいの除去を通じて幅広い心身の状況の人との共生が実現できます．広告には，「商品の宣伝」から「広告と広報」，「価値観の共有」というレベルアップがありますが，さらに「社会的課題へのコミットメント」という高いレベルもあります．このレベルになると広告はより大きな役割を果たすことになります．

(i) 広告のユニバーサルデザインの例

事例1：より多くに人に伝わるグラフィック制作

① 読みやすい
② 見やすい
③ 内容が理解しやすい
④ 視覚的に美しいこと

などが必要とされます．博報堂では，この1〜4の要因を満たすデザインや独自のチェックシステムを用いた制作プロセスを経て，より多くの人に伝わる印刷物の制作を行っています．そして，文字：数字や暗証番号など，単純な入力ミスの削減に努め，色に対する配慮を十分にしています．すなわち，色弱者は，日本では男性の20人に1人，女性の500人に1人，日本全体では300万人以上いるとされています．よって，より多くの人が色別できるグラフィック制作をすすめています．また，ピクトグラムを多用して，まだ文字を読めない幼児，日本語が読めない外国人，知的障がい者などをふくめ，誰にでもわかりやすいデザインを考えています．グラフィック制作の例として博報堂の例を紹介しましたが，現在ではこれらの配慮は当然のこととなっています．

3 ユニバーサルデザインの応用

事例2：音で伝える，文字（手話）で知らせるWeb・映像制作

だれもが利用しやすいインターネット，企業の商品を紹介するVTRやCMの制作は，人にやさしい企業の条件です．ウェブの制作においては，年齢，障がい，利用環境，国籍など様々な要因に関わらず，より多くの人に受け入れられるWebサイトの制作が必要です．映像においては，キャプション，手話の付与が必要ですし，より多くの人に伝わる映像制作のために，フォントやスピード，背景とのコントラストに配慮したキャプションを映像やCMなどに付与した制作をしています．より多くの人に情報を伝えるために多くのCMにキャプションが付与されています．

3.8　接客・サービスのユニバーサルデザイン

　ハード面でのユニバーサルデザインももちろん重要ですが，その前にソフト面でのサービスに関するユニバーサルデザインが重要です．すなわち，モノよりサービスマインドが先にあるべきです．例えば，駅で戸惑う不慣れな人（外国人も含む），高齢者，障がい者に対してモノで対処できなければ，人による丁寧なサービスがその代わりになります．皆が一声かければ何も駅員を呼ぶ必要はありません．一般市民のゆとりと気遣いがあれば，何も改めてユニバーサルデザインという必要はないのです．

　接客としては，ホテル，レストランの従業員がその代表格です．外国に比べて我が国のホテルマン，レストラン従業員は高齢者，障がい者に対する訓練が行き届いていないと思われます．これは一般市民にも通じることですが，このような人に接する機会が少なく，そのような教育を十分受けていないためではないでしょうか．従業員の気遣いと思いやりがあれば，たとえ施設は不十分でもユニバー

サルデザインの心持を満足できるのではないでしょうか．種々の場面における具体的な対応については，参考文献の[16]に詳しい説明があるので参照してください．

3.9　教育のユニバーサルデザイン

教育のユニバーサルデザインというと，教育環境と教育法あるいは授業そのものの2つがあります．教育環境は，障がい者が等しく教育を受けられように学校の設備等を整備しようというものです．大学についていえば，1970年代半ばから大学に重度障がい者の受け入れが推進されてきました．実際に受け入れてみると，当初心配し

(a) 音声でも誘導する案内サイン

(b) 段差を解消するスロープ

(c) 多機能型トイレとサイン

(d) ゆったりとした廊下や階段

図3・16　大学のUD（静岡文化芸術大学）

3 ユニバーサルデザインの応用

たほどではなかったという意見もあります．これは障がいをもつ学生の多くが，普通学級で勉学をし，小・中・高等学校において特別な配慮をされてこなかったことも背景にあるかと思われます．

とはいっても，現在に障がいのある学生をキャンパスに受け入れるためには，多くの課題があります．車いす使用者のための段差の解消，エレベーターの設置，車いす用トイレの設置，専用駐車場，屋根付き教室間移動通路，スロープ教室，車いすで使える机，その他の車いすで生活できる環境整備，視覚障がい者のためのプリントやレジメの点訳，音訳，対話朗読のサービス，聴覚障がい者には補聴器設備，手話通訳，要約筆記通訳などの整備が望まれます．最近では，これらのかなりのものが整備されつつあります．

しかしながら，実際に我が国の大学で障がい者が学ぶには，これらのハードの整備以外に多くの異なる困難があります．まず障がいをもつ学生が難関大学になかなか合格できないという事実があります．これには我が国の過当な受験戦争の影響もあり，わが国独自の過度の画一化された教育システムに問題があると思われます．参考文献の [3] によると，イギリスでは全国統一入学試験によって潜在能力までも評価できるので，学習障がい者も難関の大学に合格できるといいます．また，アメリカでは，カリフォルニア大学バークレー校の障がい学生プログラムがあります．このプログラムでは，障がいをもつ学生の自立生活を援助するために，24時間介護サービス付きの寄宿舎を用意しており，大きな成果を上げているということです．また，聴覚障がいのある学生のために，いくつかの大学の中に国立サポートセンターがあり，きめ細かいサポートサービスを提供しているとのことです．我が国においてもこのようなサポート体制が充実していくことが望まれます．

3.10 情報製作のユニバーサルデザイン・情報アクセシビリティ

図3・17 専用駐車場のUD（例）

図3・18 手話通訳

3.10 情報製作のユニバーサルデザイン・情報アクセシビリティ

　ハイテク社会というのは，実に多くのバリアが存在します．もちろん，デジタル情報になじめないというデジタルデバイドといわれる差別もありますが，ハイテク機械を使おうとすると多くの困難に直面します．視覚障がいの人がATMを使おうとすると，旧式のボタン式のものであれば，何とか操作できますが，最近のタッチパネル式であると各入力事項が認識できないということが起こります．こ

のように視覚障がい者が日常生活で不便を感じているのは，読み・書き・歩行といわれています[5]．このうち読み・書きについては，デジタル社会の産物であるパソコンを使うことが必要になってきています．そこで，最近では，パソコンの操作を，キーボードやマウスだけでなく，他の入力手段，例えば音声入力等に対応させることが試みられており，実用化も進んでいます．そして，パソコンの画面表示を見やすく工夫することも行われています．さらに，音声での出力に配慮した画面表示や構成も考えられています．

家電製品，生活器具（例えばトイレ等）の表記もわかりやすくなってきています．高齢者にもやさしい大きな文字を使ったり，できるだけボタンを少なくしたり，普段使用しないボタンは隠したり，スイッチの色にも配慮したりしています．

歩行についても磁気センサー付きの杖での歩行誘導システムの開発が行われています．従業員による買い物同伴サービス，盲導犬の普及とか，最近では多くの試みがなされるようになってきました．誘導ブロックについても改良がなされており，交差点においても音響信号の設置等も行われてきています．

3.11 プロダクツデザイン

ユニバーサルデザインの考え方に基づいて多くのプロダクツ（製品）が開発されています．ここでは，代表的なもののみを紹介します[17]．

- 細かい字が読めなくなった人のために触ることで識別できるよう工夫された道具類
- 頭を洗っているときは目が見えないので，シャンプーのボトルに印をつけ，リンスその他のボトルと区別する試み

3.11 プロダクツデザイン

・シャンプー容器のギザギザ ・缶ビールの点字表示
・テレホンカードの切れ込み ・選べる公衆電話
・使い勝手が良い自動販売機 ・多機能トイレ
・ノンステップバス ・エレベーターとエスカレーターと階段
・コインの投入が容易,あるいは製品が取り出しやすい自動販売機
・誰でも扱いやすいATM
・取り扱いが簡単な携帯電話,スマートフォン

等,実に多くのものがユニバーサルデザインの観点から新たに開発されています.

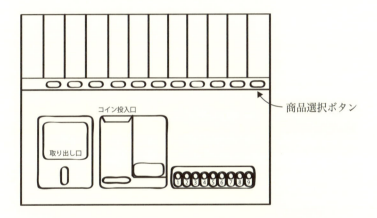

コイン投入口,商品選択ボタン,商品取り出し口が中段部分に集まっているため楽に操作でき,身長の低い子どもや車いすの人でも利用できます.コイン投入口には複数のコインをまとめて投入でき便利です.手指の細かい動きも必要ありません.操作部分下には小さな台があって荷物を置くことができます.また体の不自由な方にとっては移動の際の支えにもなります.

図3・19 自動販売機のUD

3 ユニバーサルデザインの応用

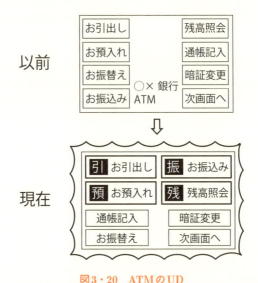

図3・20　ATMのUD

3.12　ユニバーサルデザインと防災

　災害が起きると一番被害を被るのは，障がいのある人，高齢者，子供です．災害時には，住居，仕事場，学校，公共の場からいかに安全にしかも容易に避難できるかが重要です．新たに作られる施設については，災害時の避難に対する配慮がなされることになります．しかしながら，既設の施設については，当然のことながらその配慮は不十分です．地震や土砂災害に対しては，まず施設自身の安全性を高めることが必要です．しかしながら，学校その他の公共施設の耐震化ひとつをとってもまだまだ満足のいく状況ではありません．そして，施設自体はすぐに崩壊に至らなくて避難できる十分な時間が確保できることが望まれます．しかし十分な時間とはふつう健常

者にとっての避難時間であり,高齢者,障がい者,子供等にとっての時間ではありません.高齢者,障がい者は自力では避難できない可能性もあります.この現状を見ると,ユニバーサルデザインでこのような問題が解決できるわけではありません.そのときは,周りからの援助,人的援助が必要になります.ユニバーサルデザインは対象物のデザインのみにかぎらず,すべての人も含めたソフト面をも考慮して初めて実現できるものです.

3.13 高速道路施設のユニバーサルデザイン

まず,高速道路に関わるユニバーサルデザインの実例をいくつか紹介します.高速道路においては,道路本体よりもその付帯設備,例えばサービスエリア等においてユニバーサルデザインが考慮されるようになってきました.ここでは阪神高速道路の試みを中心に説明します.ユニバーサルデザインの趣旨,障害の有無,年齢,性別,人種等に関わらず多様な人々が利用しやすい考え方に基づいて,以下の項目についての配慮がなされています.

① はっきり分かりやすい案内サインや誘導サインで表記

図3・21　トイレ案内サイン(阪神高速道路株式会社図版提供)

3 ユニバーサルデザインの応用

図3・22 施設誘導サイン（阪神高速道路株式会社図版提供）

② 車いす利用のお客様等の設備を設置した多機能トイレの他，男女トイレ内に幼児用設備を付加した大き目のブースや幼児用施設を整備

図3・23 多機能トイレ（阪神高速道路株式会社図版提供）

3.13 高速道路施設のユニバーサルデザイン

図3・24 大きめブース（阪神高速道路株式会社図版提供）

図3・25 男女トイレ（阪神高速道路株式会社図版提供）

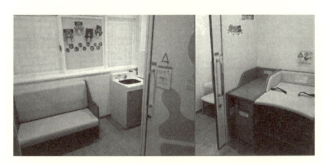

図3・26 授乳室（阪神高速道路株式会社図版提供）

3 ユニバーサルデザインの応用

③ トイレピクトサイン,レストランメニューに5か国語を表記

図3・27 多機能トイレ(阪神高速道路株式会社図版提供)

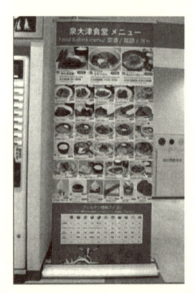

図3・28 レストラン(阪神高速道路株式会社図版提供)

3.13 高速道路施設のユニバーサルデザイン

④ 各施設を案内するためのボードを作成

図3・29 コンシェルジュ（阪神高速道路株式会社図版提供）

次に，高速道路のサービスエリアのユニバーサルデザインの実情と課題について紹介します．現在高速道路のサービスエリア（SA）とパーキングアリア（PA）は，高速道路会社の民営化により，単なるドライバーの休憩施設から旅行者しいては近隣住民のくつろぎや楽しみのある場所に変貌してきています．そのために，もちろん社会情勢の変化もありますが，ユニバーサルデザイン化は急速に進んできています．すなわち，バリアフリー設備だけでなく，使用者の立場に立った利便性，快適性が望まれてきています．サービスエリアの機能を考えますと，まずトイレそして土産物売り場やレストラン・フードコートが施設としては重要です．高速道路のSA，PAを利用すると，まず目につくのが，トイレの劇的な変化です．トイレが大幅に改良され，非常に綺麗にそして清潔になっています．このトイレの改良は高速道路だけでなく，鉄道の駅のトイレも顕著です．そして，ドアも自動になっているところも多くありますし，場所も

わかりやすいところにあり，案内表示も十分です．多目的トイレ，オストメイトトイレ（人工肛門や人工膀胱（ぼうこう）保有者のためのトイレ）も設置されています．また，ベビーベッド付き個室トイレ，ベビーチェア付きの個室トイレ，男児用の小便器，幼児用の便座なども装備しているサービスエリアもあります．

　土産品コーナーでは，多くの店では車いす使用者が通れるように通路を広くとっています．ただ，土産品の陳列棚に手が届かない，あるいは車いすからは品物が見えないという問題点もありますが，店員に頼めばある程度はカバーできるようにはなってきています．レストランやフードコートにおいては，車いす使用者のための座席を設けているところもあり，幼児に合わせて低いテーブルいすを置いているところもあります．もちろん，ベビーチェアや乳幼児用の取り皿，スプーン等はほとんどのところで準備されています．

　駐車場については，身障者用のパーキングスペースが準備され，視覚障がい者の点字ブロックも整備されています．そして，車いす利用者のためのスロープもあります．このようにいろいろな配慮がなされていますが，さらに障がい者用駐車スペースを建物脇に確保する，あるいは建物にいく通路に屋根を設ける，スロープの勾配や長さに配慮する，そしてやはり今後エレベータの設置する等の対策が望まれます．

3.14　各自治体のユニバーサルデザインを考えた町つくり

　住民と直接関係する地方自治体では，ユニバーサルデザインの考え方は，その町つくりに非常に重要です．よって，多くの自治体でいろいろな取り組みが行われています．

　参考文献 [1] によると，帯広市において，ユニバーサルデザイン

3.14 各自治体のユニバーサルデザインを考えた町つくり

の考え方が住宅デザインから始まり,1999年から補助金を出したり,モデル住宅を公開したりしています.静岡県浜松市では,2000年に「ユニバーサルデザイン行動計画」を策定し,歩行者に重点を置いた町つくりが推進されています.岐阜県高山市では,トラベル・フォー・オールの観光地を目指して歴史的地域をアクセシブルにする取り組みが行われており,またユニバーサルデザインに配慮した宿泊施設も作られています.熊本県では,2001年に開催された「熊本ユニバーサルデザイン国際シンポジウム」を契機として,"UD探検隊"が結成され,県内のユニバーサルデザインの事例を収集しています.高知県では,ユニバーサルデザインによる県土づくりを提唱し,まちづくり,公園,交通等にその考え方が生かされています.

参考文献の[18]によると,まちづくり,交通,建物,サービス,教育・環境,保健・医療,福祉,製品に分けて,以下の実例が紹介されています.

【まちづくり】
・NPO法人呉サポートセンターくれシェンド
・岐阜県 高山市(たかやまし)
・大分県 別府市「湯の街別府ユニバーサルデザイン委員会」
・東京都 北区 地域振興部
・さいたま新都心

【交 通】
・グリーンムーバー
・阪急伊丹駅

【建 物】
・神戸ウイングスタジアム
・ピュア・フィールド風曜日(かぜようび)

3 ユニバーサルデザインの応用

【サービス】
- らくらくえんタウンモビリティ
- ダイヤモンドシティ・ソレイユ

【教育・環境】
- トヨタユニバーサルデザインショウケース
- 童具館（どうぐかん）
- 大阪府営大泉緑地 ふれあいの庭
- 甫喜ヶ峰（ほきがみね）森林公園

【保健・医療・福祉】
- 公立みつぎ総合病院
- 多機能地域ケアホーム「ありがとう」

【製　品】
- 府中家具工業協同組合と福山家具組合連合会・東部工業技術センター
- プニョプニョピン

3.15　駅前地下道案内表示のユニバーサルデザイン

　いままで実例として多くのユニバーサルデザインの例を紹介してきましたが，現実にユニバーサルデザインの考え方を実行するとなると，非常に多くのことを考えなくてはなりません．ここでは，筆者の専門分野に近い公共構造物へのユニバーサルデザインの取り組みの実例を紹介しましょう．この例は，国土交通省近畿地方整備局大阪国道事務所から委託された国道43号線弁天町駅の地下道の案内表示のデザインに関する業務です．ただし，現在は構想・デザインの段階であり，このデザイン案が実際に実行され，弁天町付近で案内標識のユニバーサルデザイン化が行われたわけではありません．

　まず大阪市の弁天町駅周辺の概要を紹介しましょう．この駅には

3.15 駅前地下道案内表示のユニバーサルデザイン

2つの鉄道，JR環状線と地下鉄中央線が入ってきており，JR弁天町駅と地下鉄弁天町駅があります．近くには国道43号線と中央大通りがあり，重要な交差点となっています．そして，その弁天町交差点の北西角にはバスターミナルがあります．また，阪神高速道路大阪港線と西大阪線が交差しており，鉄道と合わせて高架構造物が多くて，見通しが悪くなっています．

次に，弁天町駅付近のバリアフリーに関する現況を紹介します．大阪市においては，2009年3月16日に「大阪市弁天町地区バリアフリー基本構想」を策定しています．鉄道については，JR弁天町駅，地下鉄弁天町駅には，いずれも改札口が2か所あり，少なくとも1ルートは地上（道路）からホームまで，エレベーターを使用した上下移動ができるバリアフリー経路が確保されています．両駅の連絡通路も同様にバリアフリー経路が確保されています．そして，弁天

図3・30　弁天町交差点北東角（JR・地下鉄のエレベーター出口付近）より
　　　　（国土交通省近畿整備局大阪国道事務所提供）

3 ユニバーサルデザインの応用

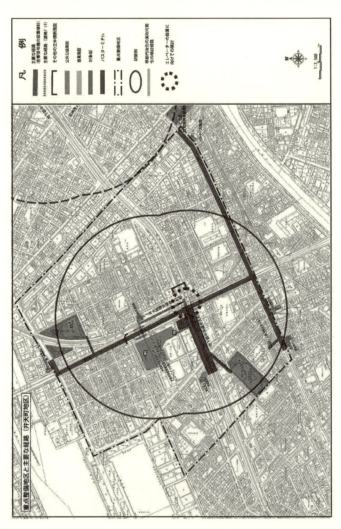

図 3・31　重点整備地区と主要な経路（弁天町地区バリアフリー基本構想より）
　　　　　（国土交通省近畿整備局大阪国道事務所提供）

3.15 駅前地下道案内表示のユニバーサルデザイン

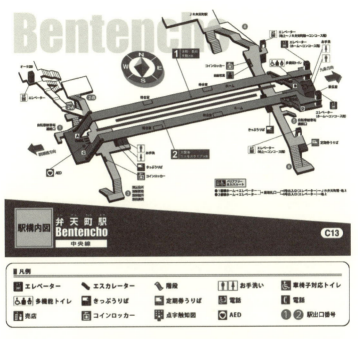

図3・32 地下鉄弁天町駅構内図
(大阪市高速電気軌道株式会社 ホームページより)

町で交差する幹線道路，国道43号および中央大通りは「主要な経路」であるので，歩道段差，勾配，視覚障がい者誘導ブロック等が設置されており，それぞれ適合済みという評価が得られています．そして，地下鉄弁天町からORC200への連絡デッキも勾配も適合しており，視覚障がい者誘導ブロックも設置されています．

このような状況下において，この駅の周辺に案内標識を設置する計画を立案しますが，そこでユニバーサルデザインをできるだけ実現しようというものです．

3 ユニバーサルデザインの応用

図3・33　弁天町周辺の既設案内標識の例
（国土交通省近畿整備局大阪国道事務所提供）

3.15 駅前地下道案内表示のユニバーサルデザイン

　この駅の基本構想は,「分岐点や交通結節点等の主要地点において,道路標識(案内標識や歩行者案内標識)を整備」と「視覚障がい者誘導用ブロックと連携した音声案内等の開発・導入を検討」というものです.

　まず駅周辺での障がい者等の移動利便性を向上させるために,主要箇所に,鉄道とバスの乗り換えのための歩行ルート,周辺の主要公共施設等へのルート等を案内標識として設置することを考えます.以下にその概要を示します.

① 交差点―東西方向(国道43号を渡る方向)には横断歩道なし
② 交差点地下道―スロープはあるが,自転車を押しての通行用であり,車いすは介助があっても危険(勾配20〜25％)
③ JR〜ORC連絡デッキ
　・歩道との接続スロープは自転車用で規定の踊り場がない.(勾配8％)
　・デッキ中央部分で介助が必要(勾配12％)
　・JR側でスロープが不連続
④ 歩道橋―スロープなし
⑤ 横断歩道―弁天町交差点より北側に約500 m,南側に約300 mの距離
⑥ 地下鉄弁天町駅ホーム
　・改札内のルート
　・西側でホーム〜改札まではエスカレーター→通路としての利用は困難

【整備の基本的な考え方と整備内容＞道路,交差点,案内経路】
　○案内・誘導
　　・分岐点や交通結節点等の主要地点において,道路標識(案内標

3 ユニバーサルデザインの応用

識や歩行者案内標識)の整備
・視覚障害者誘導用ブロックと連携した音声案内等の開発・導入検討

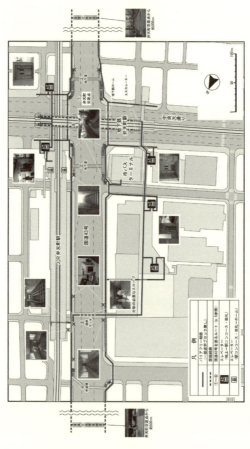

**図3・34 弁天町駅周辺のバリアフリー(主に車いす)経路の現状
(国土交通省近畿整備局大阪国道事務所提供)**

3.15 駅前地下道案内表示のユニバーサルデザイン

○案内標識設備の内容について
・弁天町駅周辺での障害者等の移動利便を向上させるため，主要箇所に，鉄道とバスの乗換えのための歩行ルート，周辺の主要公共施設等へのルート等を案内標識として設置することを考える．
・距離は遠いが，⑤の横断歩道を案内するしかないのではないかと考えられる．

以上の諸条件に加えて，地元から以下の要望が出ています．
・横断歩道があったらいいな
・エレベーターがもっとあったらいいな
・エレベーターの案内表示や地下道からの周辺地図，迂回ルートなど，案内表示がもっとあったらいいな
・安全・安心なスロープがいいな

案内板の色としては，神奈川県保健福祉部地域保健福祉課による「カラーバリアフリー色使いのガイドライン」[19]を参考にし，知的障がいのある人への配慮としては，国土交通省「知的障害，発達障害，精神障害のある人のための施設整備のポイント」[20]を参考にしています．
　デザインされた案内板の例を図3・38に示します．

3 ユニバーサルデザインの応用

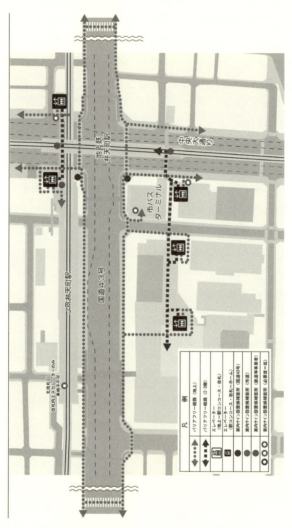

図3・35 弁天町駅周辺の案内サイン配置計画〜設置場所〜（案）
（国土交通省近畿整備局大阪国道事務所提供）

3.15 駅前地下道案内表示のユニバーサルデザイン

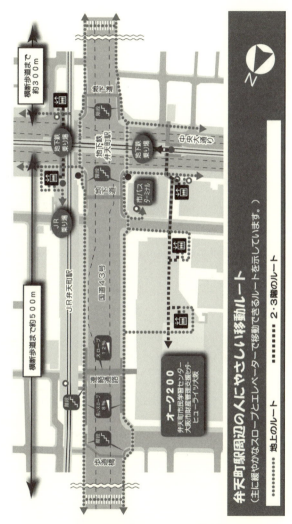

図3・36　案内標識表示デザイン〜表示内容〜（案）
（国土交通省近畿整備局大阪国道事務所提供）

3 ユニバーサルデザインの応用

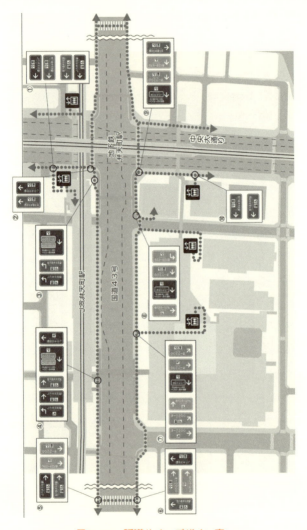

図 3・37 誘導サインデザイン案
（国土交通省近畿整備局大阪国道事務所提供）

3.16 合意形成型デザインの例

**図3・38 誘導サイン〜個別表示〜(案)
(国土交通省近畿整備局大阪国道事務所提供)**

3.16 合意形成型デザインの例

　デザインでは，もちろんユニバーサルデザインも含めてですが，利用者，デザイナー，発注者間で思いが異なることが多くあります．多目的最適化のところで説明しましたが，いろいろな制約条件にトレードオフ関係があれば，最適化問題として定式化し，パレート最適解を求めて，その中から好ましい解を選ぶということになります．例えば，視覚障がい者誘導ブロックの設置について考えてみますと，車椅子利用者にとっては視覚障がい者誘導ブロックが障がいとなる場合もあります．また，この視覚障がい者誘導ブロックの色は従来黄色に塗られていましたが，美観上から，黄色ではなく，白とかグレーに塗られる事例も出てきました．ただし，白とかグレーにすると，弱視の人には認識しにくく，やはり黄色でないとダメという話も出てきています．相反する条件が明白であれば多目的計画問題として扱うことも可能ですが，そもそも目的そのものが明確でない

3 ユニバーサルデザインの応用

場合は,多目的最適化問題に変換することは容易ではありません.その場合は対話等を通じて,各当事者が歩み寄りをしていくことが望まれます.

ここでは,社会資本,特に橋梁の景観デザインを例にとり,合意形成型のデザイン手順を紹介します[21].従来,橋等の公共構造物は管理者と設計者(施工者)が相談をして建設をしてきました.しかしながら,最近では周辺住民等の意見も聞くことが必要になってきています.これは,物的な豊かさが達成でき,社会が熟成してきたことにより,意識と価値観に多様性が生まれてきたことが要因の一つと考えられます.そして,社会資本の整備に対する地域住民の要求にも変化が現れてきています.すなわち,モノから心を重視した生活スタイルへの変化,急速な進歩や発展によって生じた社会のひずみ,環境問題に代表される成長や進歩の限界への危機,より高度な安心・安全で快適な生活環境への要求などによって,社会資本整備事業に対する住民の考え方が変わりつつあります.よって,現在では社会資本整備計画に住民参加が必要となってきています.

ここで考える橋の景観デザインに関しても,住民間で意見が対立することもありますし,住民,事業者,デザイナー間で意見が対立することもあります.このとき,合意しやすい計画案(デザイン案)の作成が望まれます.しかしながら,専門的な知識が十分でなく,様々な意見を持ち合わせている住民の参加の下に合意形成を図ることはきわめて難しいことです.そのため,ここではまずスムースな合意形成を支援する方法として筆者らが開発した橋梁景観デザイン支援システム[22],[23]を紹介します.次に,住民に橋梁景観デザイン過程への参加を求め,技術者によって作成された景観原案への意見を聞きながら景観デザインに反映する手法について説明します.すな

3.16 合意形成型デザインの例

わち，ここで紹介する橋梁景観合意形成デザインシステムは，住民提示用の可視化された橋梁景観デザイン案を作成する景観デザイン支援システムと住民の意見を取り入れて景観案を修正し最終案に至る住民参加支援システムからなっています．本システムでは，住民と技術者の協働で橋梁景観を創出することを考えていますので，この二者間のコンフリクト（競合）は扱っていません．それで，合意形成に参加する者を，「住民」「事業者」「技術者」として，それぞれの意見を調査・調整しながら計画を進めていく合意形成過程を考えています．ただし，一般的な整備計画を扱うことはあまりにもテーマが大きすぎるので，ここでは，中小スパンで構成される桁橋の景観デザインをターゲットとします．景観に配慮した橋梁デザインは，デザイナーの感性にかなりの部分が依存するので，曖昧でかつ普遍的なものとはならないことが多くあります．それゆえ，景観に配慮した複数の景観案を基本に，それに対する様々な意見を交換しながら，最終のデザイン案にたどり着くことが望まれます．

前述のように，合意形成に関わる人として，「住民」「事業者」「技術者」を考えます．これらの人を，以下のように具体的に規定します．

・住民：近隣住民，利用者，利害関係者，市民，NPO，NGO，納税者など合意形成に欠かせない人
・事業者：事業の調査，設計，施工，維持管理を含めて存在そのものに責任のある事業主体，公共事業では行政当局，民間事業では発注者あるいは発注企業
・技術者：要求性能項目に対する満足度が異なる複数のデザイン案が作成でき，住民や事業者への判断材料が提供できる設計者

橋の景観デザインを行うには，まずコンセプトを決めることが必要です．コンセプトが十分な検討の上に決められていれば，その後

3 ユニバーサルデザインの応用

表3・1　7つの基本コンセプト

	設計コンセプト
①	周辺環境との調和
②	シンボル性
③	個性的
④	信頼感
⑤	親しみやすさ
⑥	風格のある
⑦	地域性

の作業は容易となります．ここでは，表3・1に示すような基本コンセプトを設定しています．そして，以下に示す3つの手順によりデザインを進めていきます．

　①橋梁景観デザインへの7つのデザイコンセプトの順位付け
　②橋梁景観デザイン案の原案づくり
　③原案から合意案に至るまでの形成過程支援

この手順を図に示すと図3・39のようになります．これらの概略は以下のようになります．

(i) デザインコンセプトの順位付け

　図3・39のデザインコンセプトの部分は，橋の景観デザイン案を合意形成参加者に対してアンケート結果から求める過程です．アンケート結果を階層分析法（AHP: Analytic Hierarchy Process）[24]で分析し，表3・1にあげた7つのコンセプトの重要度，すなわち採択順位をつけます．この場合，回答者は2つのコンセプト間の一対比較を行い，表3・2に示す一対比較値を表3・3のアンケート用紙に記入します．ただし，アンケート用紙の一行目の○付き数字は，表3・1に示すデザインコンセプトです．

3.16 合意形成型デザインの例

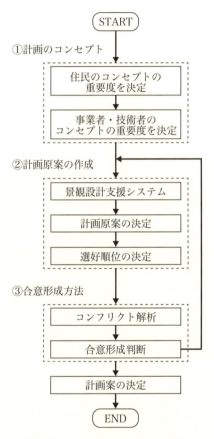

図3・39 デザインのコンセプト

合意形成参加者ごとの設計コンセプトの重要度が,アンケート結果から,次のように決定されます.すなわち,設計コンセプトの重要度が,アンケート結果である一対比較行列(表3・3)の固有ベクトルから求められます.また,矛盾したアンケート結果かどうかを調

べるため,整合度 CI が,

$$CI = \frac{\lambda_{\max} - n}{n-1} \tag{1}$$

のように求められます.ここに,

$\lambda_{\max}$:一対比較行列の最大固有値

n :コンセプトの数

その結果,$CI=0$ の場合,矛盾は存在しません.ただし,一対比較に不慣れな住民がアンケート調査に加わることも想定されるので,$CI<0.2$ の意見も有効とします.

表3・2 一対比較値

一対比較値	重要度
1	同等程度に重要
3	やや重要
5	かなり重要
7	非常に重要
9	きわめて重要
2, 4, 6, 8	補間的な数値

表3・3 設計コンセプトに対するアンケート用紙

	①	②	③	④	⑤	⑥	⑦
①周辺環境との調和	1						
②シンボル性		1					
③個性的			1				
④信頼感				1			
⑤親しみやすさ					1		
⑥風格のある						1	
⑦地域性							1

3.16 合意形成型デザインの例

表3・4 設定した128種類の色彩の慣用色名とマンセル値

トーン	R/赤	YR/黄赤	Y/黄	GY/黄緑	G/緑	BG/青緑	B/青	PB/青紫	P/紫	RP/赤紫
V	赤 5R4/16	橙 5YR7/16	黄 5Y8/15	黄緑 5GY7/15	緑 5G4/14	青緑 5BG5/12	青 5B5/14	青紫 5PB4/14	紫 5P5/14	赤紫 5RP5/14
S	さんご色 5R5/10	柿色 5Y6/12	うこん色 5Y6/10	くさ色 5GY6/10	緑青色 5G5/9	あおたけ色 5BG5.5/9	あさぎ色 5B5/9	るり色 5PB4/9	あやめ色 5P4/10	紅梅色 5RP4/10
B	ばら色 5R7/9	あんず色 5YR8/7	たまご色 5Y8/11	カナリヤ色 5GY8/11	エメラルド 5G7/10	トルコ石色 5BG7/9	空色 5B7/8	サルビア色 5PB7/8	藤色 5P7/9	桃色 5RP7/10
P	とき色 5R8/6	夕陽色 5Y9/4	香色 5Y9/6	若苗色 5GY8.5/6	浅みどり 5G8/6	浅青緑 5BG8/6	水色 5B8/5	浅霧色 5PB8/6	うす紫 5P8/6	うす桃色 5RP8/6
Vp	さくら色 5R9/2	白茶 5YR9/1	象牙色 5Y9/1	利休白茶 5GY9/2	白緑 5G9/2	うすあさぎ 5BG9/2	白群 5B9/2	藍白 5PB9/1	淡藤色 5P9/2	紅皮 5RP9/2
Lgr	桜かネみ色 5R8/2	とのこ色 5Y8/2	桑色白茶 5Y8/2	利休ねずみ 5GY8/3	浅霧みどり 5G8/2	あさぎねずみ 5BG8/3	深川ねずみ 5B7.5/2	浅藍ねずみ 5PB7/2	うすいろ 5P7/2	灰桜 5RP7.5/2
L	樹皮色 5R6/6	肌色 5YR8/5	からし色 5Y6/4	若芽色 5GY6/5	若竹色 5G6/5	みずあさぎ 5BG6.5/6	さびあさぎ 5B6/5	藍ねずみ 5PB6/4	鳩羽紫 5P6/4	蘭色 5RP6/4
Gr	きじばと 5R5.5/2	茶ねずみ色 5Y5/2	純色 5Y5/1	山鳩色 5GY5/2	うす葉色 5G5/2	裏葉色 5BG5/2	納戸ねずみ 5B5/2	さびはなだ 5PB5/2	さび紫 5P5/2	桜ねずみ 5RP5/2
Dl	さびさび色 5R5/5	らくだ色 5YR5/6	うぐいす色 5Y5/6	おいみどり 5GY5/5	とくさ色 5G4/5	老竹色 5BG4/6	さび納戸 5B4/6	うす浅はなだ 5PB4/6	あやめ色 5P4/5	牡丹ねずみ 5RP5/5
Dp	れんが色 5R3/10	茶色 5YR4/9	うぐいす茶 5Y5/8	こけ色 5GY4/8	濃緑 5G3/7	濃青緑 5BG3.5/7	納戸色 5B3/9	紺青 5PB3/9	すみれ色 5P3/8	ぶどう酒色 5RP3/10
Dk	えび色 5R2.5/8	たばこ色 5YR3/7	オリーブ 5Y3.5/6	ふかみこけ 5GY3/6	深緑 5G3/6	深青緑 5BG3/4	深納戸 5B2.5/4	紺色 5PB3/5	茄子紺 5P3/6	深ぶどう酒色 5RP3/6
Dgr	くり色 5R2/3	黒茶 5YR2/2	オリーブ茶 5Y2/3	みる色 5GY2/2	森林色 5G2/2	鉄色 5BG2/2	こきはなだ 5B2/2.5	濃紺 5PB2/2.5	深紫 5P2/2	濃色 5RP2/2
無彩色	白 N-9.5	パールグレー N-9	シルバーグレー N-7	灰色 N-6	ミディアムグレー N-5	スモークグレー N-3	チャコールグレー N-2	黒 N-1.5		

3 ユニバーサルデザインの応用

社会資本設備に関わる事業者や技術者は，それぞれが責任をもって計画に当たっています．彼らのアンケート分析にはAHP法を用い，デザインコンセプトに順位をつけます．一方合意形成過程に参加する住民は，一般に複数人からなります．複数人の一対比較結果を1つの意見に集約するため，集団AHP法でアンケート結果を分析します．これには，集団幾何平均法，区間AHP法，アクター法，集団意思決定ストレス法などの方法が考えられます[25],[27]．ここでは，評価者の評価結果をもとに一人ひとりの不満を複数人に対して緩和し，それを最小化する方法すなわち集団意思決定ストレス法を採用しています．

(ii) デザイン原案の作成

図3・39に示す「②計画原案の作成」の部分は，著者らの橋梁の景観設計支援システム[21],[22]を利用し，橋梁景観設計のための原案づくりを行う過程です．橋梁の景観デザイン支援システムによれば，橋梁景観は図3・40から，図3・42に示す主桁，高欄，橋脚の形状，表3・4に示す主桁と高欄の色彩[28]の5つの橋梁景観構成アイテムの組み合わせによって表現されます．この場合，対象となる景観案は総数 $128×128×5×5×13=5\,253\,500$ となります．いま考えている設計コンセプトに対応する最適解をこの中から探し出すことは，並大抵なことではありません．既往の景観設計支援システムでは，入力設計コンセプトへの適合度が高い計画案を遺伝的アルゴリズム（Genetic Algorithms：GA）[29]で検索するようにプログラミングされていました．ここに，計画案 l のコンセプト i に対する評価値 $F_{\ell i}$ は，景観構成アイテムの特徴を表3・5に示した16種類のイメージ形容詞で得点づけ，形容詞対の得点に設計コンセプトに対するファジイ推論の重みをかけたものの総和で与えられます．

3.16 合意形成型デザインの例

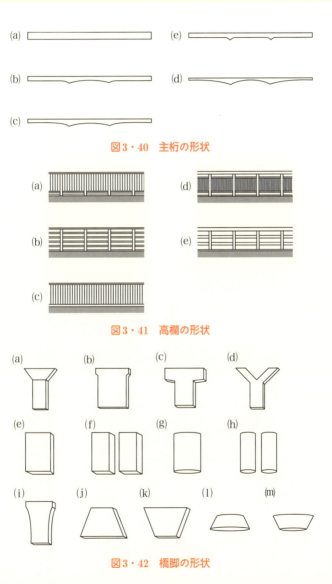

図3・40 主桁の形状

図3・41 高欄の形状

図3・42 橋脚の形状

3 ユニバーサルデザインの応用

景観デザイン支援システムには,デザインコンセプトを必要とします.設計コンセプトは,次のように決められます.

① (i)で述べたAHP法によって設計コンセプトの順位をつけます.合意形成参加者ごとに順位づけした設計コンセプトの上位2つをそれぞれ選択します.

② 3者×2コンセプト=6つの設計コンセプトの中から3ないし4個の設計コンセプトを抽出します.ただし,3あるいは4つのコンセプトには,合意形成参加者がそれぞれ選んだ1位あるいは2位のコンセプトが含まれるようになります.すなわち,合意形成参加者の抽出行動は,

表3・5　16種類のイメージ形容詞対

	形容詞対		
1	派手な	⇔	地味な
2	刺激的な	⇔	温和な
3	ソフトな	⇔	ハードな
4	動的な	⇔	静的な
5	モダンな	⇔	アンティークな
6	明るい	⇔	暗い
7	暖かい	⇔	涼しい
8	華やか	⇔	渋い
9	軽快な	⇔	重厚な
10	調和した	⇔	調和していない
11	安定感のある	⇔	安定感のない
12	シンプルな	⇔	複雑な
13	力強い	⇔	弱い
14	固い	⇔	柔らかい
15	開放的な	⇔	圧迫感のある
16	連続感のある	⇔	連続感のない

3.16 合意形成型デザインの例

・第1位のコンセプトの選択
・第2位のコンセプトの選択
・両方のコンセプトの選択

のいずれかとなります.

なお,5つ以上のコンセプトを橋梁景観設計に用いなかった理由は,5つ以上のコンセプトを設計案の作成に用いると,多くのコンセプトを満足する計画案が景観設計支援システムによって探索され,特徴のない景観案が示される可能性があるからです.また,3者の第1コンセプト3つだけに限れば,極端な場合にはこれらがいずれも同じコンセプトになる可能性があります.この場合には3者間の合意を図る必要がありません.したがって,計画案づくりに用いるコンセプトは4つとしています.

以上のように得られたコンセプトを組み合わせて計画案を景観設計支援システムで作成します.ちなみに,作成された計画案は7つのコンセプトごとに固有の適応度をもちます.

作成された計画原案に対して,合意形成参加者ごとに選好順位を決定するための尺度すなわち「評価基準」が次のように求められます.すなわち,計画案 ℓ に対する合意形成参加者 k の評価基準 $S_{k\ell}$ は,コンセプト i における適応度 $F_{\ell i}$ と,(i)で決定した合意形成参加者 k のアンケート結果によるコンセプト i の重要度 w_{ki} の積を全コンセプトに対して加算した.

$$S_{k\ell} = \sum_{i=1}^{7} F_{\ell i} w_{ki} \tag{2}$$

から求められます.

その結果,この値が大きい順に選好順位がつけられます.

(iii) 合意形成の進め方

図3・39に示す「③合意形成方法」の部分は，合意形成参加者のアンケート結果をもとに合意形成を図る過程です．最終案に至る合意形成過程にメタゲーム理論に基づくゲーム理論すなわちコンフリクト解析法[30]-[32]を用いています．AHPの結果とコンセプトの得点から決定した合意形成参加者の選好順位を示し，どのコンセプトを選択すれば，合意形成参加者それぞれが望む案に近づくかを検討します．その結果，3者が受け入れられる解いわゆる均衡解（equilibrium : E）が存在すれば，それが合意案となります．

なお，コンクリフト解析によっても合意できなければ，再度「②計画原案づくり」の過程に戻ります．したがって，均衡解に到達するまで，この手順を繰り返すことになります．

住民に意見を聞きながら，地域の景観や環境に配慮した中小スパンからなる桁橋の景観設計に関わる合意形成システムは，図3・39に示すように，

①　計画に対する7設計コンセプトの重要度の決定
②　橋梁設計原案の作成
③　合意形成過程

の3プロセスからなります．

本支援システムの有用性を検討するため，既設の中小橋梁の景観設計を対象とします．ここでは，地域住民，事業計画者，設計技術者の橋梁景観に対する設計コンセプトが異なった場合を想定し，意見の相違から合意に至るまでのプロセスについて考察します．

平成4年版の橋梁年鑑[33]に掲載の3径間連続鈑桁橋「柴原橋（福島県）」を対象に，この地点に新設橋が計画されることとします．すなわち，5つの景観構成アイテムいわゆる主桁・高欄の色彩，主桁・

3.16 合意形成型デザインの例

表3・6 住民意見の集約

格付値		①	②	③	④	⑤	⑥	⑦	整合度
0.119	住民1	0.195	0.043	0.043	0.145	0.172	0.133	0.268	0.051
0.072	住民2	0.395	0.228	0.030	0.088	0.097	0.036	0.125	0.166
0.132	住民3	0.225	0.029	0.029	0.207	0.225	0.062	0.225	0.015
0.115	住民7	0.180	0.068	0.038	0.202	0.332	0.052	0.128	0.179
0.064	住民8	0.035	0.072	0.171	0.555	0.074	0.022	0.071	0.117
0.114	住民9	0.191	0.063	0.030	0.390	0.079	0.039	0.208	0.123
0.069	住民10	0.030	0.040	0.067	0.223	0.042	0.035	0.563	0.164
0.091	住民13	0.151	0.056	0.037	0.330	0.130	0.232	0.064	0.074
0.113	住民14	0.320	0.048	0.040	0.121	0.242	0.066	0.162	0.103
0.112	住民15	0.176	0.048	0.040	0.128	0.335	0.059	0.215	0.072
格付後の重要度		0.197	0.063	0.047	0.227	0.189	0.076	0.201	—

高欄・橋脚の形状の決定を行うことになります．

住民，事業者，技術者がそれぞれどのような景観コンセプトのもとに新橋を計画しようとしているかを簡単なアンケートによって調査しています．表3・3の用紙を用い，(i)の方法でアンケート調査を行い，表3・1に示す7つの設計コンセプトに対して2つのコンセプト間の一対比較を行います．アンケートへの回答者は，本来，柴原橋周辺の地域住民，発注者の福島県行政担当者，柴原橋の設計技術者です．しかし，ここでは柴原橋そのものの景観デザインが目的ではなく，構築した合意形成支援システムが意見の対立から合意までの過程をうまく再現できているかを検討することにあります．それゆえ，アンケート調査では，住民に関西大学工学部土木工学科の学生15名，事業者と技術者に著者の一人があたっています．

住民に対するアンケート調査の結果，整合度が$CI<0.20$の回答者が10名，$CI\geqq0.20$の回答者が残りの5名でした．ここに，前述

3 ユニバーサルデザインの応用

したとおり，整合度が $CI \geqq 0.20$ のアンケートは，いずれのコンセプトを重要とみなしているかがはっきりしない回答とみなし，無効にしています．以下では，整合度が $CI < 0.20$ の回答者10名の結果を用い，意思決定ストレスが最小となるように設計コンセプトの重要度を決めています．

デザインコンセプト①から⑦に対し，その重要度と住民の格付値をAHP法によって求めたところ，表3・6の結果を得ました．アンケート結果に基づいて，住民，事業者，技術者の設計コンセプトの重要度を算出すれば，

$$W_{住民} = \begin{pmatrix} 0.197 \\ 0.063 \\ 0.047 \\ 0.227 \\ 0.189 \\ 0.076 \\ 0.201 \end{pmatrix}, \quad W_{事業者} = \begin{pmatrix} 0.107 \\ 0.313 \\ 0.129 \\ 0.082 \\ 0.068 \\ 0.221 \\ 0.079 \end{pmatrix}, \quad W_{技術者} = \begin{pmatrix} 0.191 \\ 0.084 \\ 0.034 \\ 0.176 \\ 0.337 \\ 0.052 \\ 0.127 \end{pmatrix}$$

を得ます．アンケートの結果から，住民が求める第1，第2位の設計コンセプトはそれぞれ④信頼感，⑦地域性，事業者では，②シンボル性，⑥風格のある，技術者では⑤親しみやすさ，①周辺環境との調和となりました．

住民，事業者，技術者がそれぞれ希望するデザインコンセプトをアンケートの結果に基づいて決定した後，計画原案を著者らが，構築した景観設計支援システムによって作成しています．

景観に配慮した計画案を作成するには，橋梁建設地点の周辺環境データが必要です．景観設計支援システムでは，橋梁建設地点の写真から周辺環境の色彩と，周辺環境の写真全体に占める面積の比が求められます．周辺環境の色彩はマンセル値で入力されますが，そ

表3・7 周辺環境のデータ

周辺環境	割合	マンセル値
空	0.380	5B9/2
山（中景）	0.129	7.5G3/8
山（近景）	0.091	5G2/6
コンクリート構造	0.191	2.5Y8/2
河川	0.025	10GY5/10
草（緑）	0.100	2..5GY6/8
草（黄緑）	0.031	5YR4/6
土	0.017	5YR4/6
砂・石	0.036	5Y7/3

の測定にはJIS Z 8721 標準色表[34]が用いられます．ちなみに，周辺環境の入力値は表3・7に示すようになっています．

(iv) 設計コンセプトの選択パターンとその計画案

上述したように，アンケート結果によれば，住民の第1位と第2位のコンセプトはそれぞれ④信頼感と⑦地域性，事業者では②シンボル性と⑥風格のある，技術者では⑤親しみやすさと①周辺環境との調和です．設計コンセプトには，これら6つの設計コンセプトの中から，合意形成参加者の3者がそれぞれ選んだ第1位，第2位のコンセプトの少なくとも1つは採択され，かつ最大で4つが選び出されています．本解析の場合，パターンの数は表3・8に示すように20です．同表中，"1"は合意形成参加者が提案したコンセプトを選択した場合を，"0"はしない場合をそれぞれ表します．また，最後の行は，2進数"101010"で示される選択パターンを10進数表示したものです．以降，20ケースの選択パターンはこの数値で表しています．

3 ユニバーサルデザインの応用

表3・8 デザインコンセプトの選択パターン

		コンセプト	選択パターン																			
住民	1	④信頼感	1	0	1	1	0	1	1	0	1	0	1	1	0	1	1	1	1	0	1	0
住民	2	⑦地域性	0	1	1	0	1	1	0	1	0	1	1	0	1	0	0	0	0	1	0	1
事業者	1	②シンプル性	1	1	1	1	0	0	1	1	1	1	1	1	1	0	1	1	1	1	0	0
事業者	2	⑥風格のある	0	0	0	0	1	1	1	1	1	0	0	0	0	0	1	0	0	0	1	1
技術者	1	⑤親しみやすさ	1	1	1	1	1	1	1	1	0	0	1	0	0	1	1	0	1	1	1	1
技術者	2	①周辺環境との調和	0	0	0	0	0	0	1	0	1	1	1	1	1	1	1	1	1	1	1	1
—	—	10進数表記	21	22	23	25	26	27	29	30	37	38	39	41	42	43	45	46	53	54	57	58

3.16 合意形成型デザインの例

　20ケースの選択パターンに対する計画案を作成します．この場合，設計コンセプトが最大で4つと複数個になるため，計画原案は多目的組み合わせ最適化問題の解として導き出されます．適用する景観設計支援システムには，多目的最適化問題の解法が組み込まれています．すなわち，1つの設計案を作成するのに最大4個のコンセプトが用いられますが，最大で4つのコンセプトを満足する計画案はトレード・オフの関係にあり，一計画案を提示するだけでは十分ではありません．したがって，パレート解の考えを取り入れ，一対のコンセプトに対して20個の計画案を提示しています．最終的には，これらの案の中から総合的に判断して選択パターンに対する計画原案を決定します．ちなみに，本システムで考えるパレート解とは，「他の計画案より少なくとも1つのコンセプトに対する評価が高い計画案」のことをいいます．

　20のパレート解の中から1つの計画案を決定する評価指標に選択したコンセプトに対する計画案の適応度を用いています．その理由として次のようなことが考えられます．景観設計支援システムでは，1つのコンセプトに対する適応度だけが高く，他のコンセプトの適応度が低い計画案もパレート解とみなされます．しかし，合意形成参加者が選択したコンセプトに対して，適応度が低い計画案はコンセプトを満足しているとはいい難いといえます．それゆえ，選択したコンセプトに対して求められた計画案すべてに対して，一定の水準を越えている計画案を抽出し，その中からランダムに1つの計画案を決定しています．このコンセプトの適応度の基準は，コンセプトを選択するパターンによって異なります．基準の決定では，1から0.1の刻みで小さくし，選択したすべてのコンセプトの適応度が基準値以上になる計画案が存在すれば，その計画案が解候補となり

3 ユニバーサルデザインの応用

ます．また，選択されたコンセプトが3つの場合やコンセプトが似通って完全なトレード・オフの関係にないコンセプトの組み合わせの場合には，設計コンセプトに対する計画案の適応度は自然に高くなります．なお，コンセプトの適応度の基準は，低くても0.5程度です．

このように，20種類の選択パターンそれぞれに対して，1つの計画案を作成します．20種類の選択パターンに対する計画案は表3・9のようになっています．

選択パターンそれぞれに対して作成した計画案は，各コンセプトに対する適応度を有することになります．合意形成参加者kの計画案ℓに対する選好順位は，式(2)から得られる評価基準値$S_{k\ell}$の高い順です．したがって，合意形成参加者の計画案の評価基準値の高い順に計画案を並べれば，合意形成参加者の選好ベクトルが表3・11のように求められます．

合意形成参加者が推奨する設計コンセプトに対して上位20の計画案をGAによって組み合わせ最適化問題の準最適解として選び，それらを合意形成参加者ごとに順位づけ（選好順位）を行った後，3者が許容する最終案をコンフリクト解析に基づいて決定しています．

以上のようなプロセスに従って安定性分析を行い，選好ベクトルごとに一方的改善（unilateral improvement：UI）なる概念で安定状態を合理的安定（rational stable：r），連続型安定（Sequentially stable：s），不安定（unstable：u）に分類したところ，表3・12を得ています．ここに，不安定（unstable：u）な解となった選好ベクトルには，一方的改善（UI）の結果も示しています．

3.16 合意形成型デザインの例

表3・9 全選択パターンの計画案

	色彩		形状			住民		事業者		技術者	
	主桁	高欄	主桁	高欄	橋脚	④	⑦	②	⑥	⑤	①
21	樹皮色	オリーブ茶	c	a	c	0.706	0.634	0.545	0.641	0.643	0.760
22	さんご色	白緑	c	d	a	0.667	0.659	0.607	0.549	0.651	0.744
23	香色	オリーブ茶	c	d	a	0.630	0.642	0.649	0.556	0.625	0.718
25	深川ねずみ	みずあさぎ	c	a	c	0.806	0.745	0.330	0.710	0.794	0.904
26	深川ねずみ	若芽色	b	a	c	0.793	0.742	0.343	0.710	0.788	0.903
27	浅藍ねずみ	肌色	c	a	c	0.785	0.741	0.389	0.707	0.801	0.908
29	深ぶどう酒色	紅桜	c	c	c	0.716	0.656	0.602	0.664	0.638	0.696
30	肌色	オリーブ茶	c	d	c	0.702	0.631	0.572	0.636	0.628	0.741
37	くさ色	オリーブ茶	c	d	a	0.612	0.572	0.656	0.549	0.555	0.622
38	あんず色	若芽色	c	d	a	0.590	0.622	0.666	0.506	0.604	0.706
39	香色	黒茶	c	d	c	0.625	0.641	0.657	0.555	0.624	0.718
41	浅緑ねずみ	からし色	c	c	c	0.786	0.739	0.380	0.710	0.799	0.906
42	深川ねずみ	藍ねずみ	c	a	c	0.806	0.742	0.332	0.716	0.792	0.901
43	浅藍ねずみ	若芽色	c	c	c	0.788	0.738	0.372	0.713	0.797	0.905
45	たばこ色	浅みどり	c	d	c	0.648	0.595	0.642	0.613	0.568	0.631
46	オリーブ	白緑	c	d	a	0.716	0.664	0.607	0.672	0.645	0.698
53	白茶	赤	c	d	c	0.646	0.668	0.615	0.559	0.664	0.771
54	あんず色	利休ねずみ	c	d	c	0.613	0.645	0.622	0.513	0.632	0.743
57	桜ねずみ	浅藍ねずみ	c	a	c	0.743	0.67	0.462	0.708	0.725	0.774
58	深川ねずみ	若芽色	c	c	c	0.793	0.742	0.343	0.708	0.799	0.913

3 ユニバーサルデザインの応用

表3・10　各合意形成参加者の評価基準

	評価基準		
	住民	事業者	技術者
21	0.663	0.603	0.660
22	0.657	0.607	0.659
23	0.639	0.615	0.641
25	0.747	0.568	0.749
26	0.743	0.570	0.745
27	0.750	0.591	0.755
29	0.663	0.626	0.658
30	0.658	0.611	0.654
37	0.589	0.595	0.587
38	0.618	0.604	0.621
39	0.639	0.618	0.640
41	0.748	0.588	0.753
42	0.746	0.570	0.748
43	0.747	0.585	0.751
45	0.611	0.614	0.605
46	0.667	0.631	0.663
53	0.663	0.613	0.666
54	0.636	0.596	0.640
57	0.691	0.589	0.694
58	0.747	0.574	0.751

3.16 合意形成型デザインの例

表 3・11 合意形成参加者の選好ベクトル

(a) 住民の選好ベクトル

		コンセプト	選択パターン																			
住民	1	④信頼感	1	1	1	1	0	0	0	1	0	1	1	1	0	0	1	1	0	0	1	1
住民	2	⑦地域性	1	0	0	1	1	1	1	0	1	0	0	0	1	1	1	1	1	1	0	0
事業者	1	②シンボル性	0	0	0	0	0	0	0	0	1	1	1	1	1	1	1	1	1	1	1	1
事業者	2	⑥風格のある	1	1	1	1	1	1	1	1	1	0	1	0	1	0	0	0	0	0	1	0
技術者	1	④親しみやすさ	1	0	1	0	1	0	1	1	0	1	1	1	1	1	1	0	1	0	0	0
技術者	2	①周辺環境との調和	0	1	0	1	1	1	0	1	1	0	0	1	0	0	0	1	1	1	1	1
—		10進数表記	27	41	25	43	58	42	26	57	46	21	29	53	30	22	23	39	54	38	45	37

(b) 事業者の選好ベクトル

		コンセプト	選択パターン																			
住民	1	④信頼感	0	1	1	1	1	1	0	0	0	1	0	1	1	1	1	1	0	0	0	1
住民	2	⑦地域性	1	0	1	1	0	0	1	1	1	0	1	0	1	0	0	1	1	1	1	0
事業者	1	②シンボル性	1	1	1	1	1	1	1	1	1	1	1	1	0	0	0	0	0	0	0	0
事業者	2	⑥風格のある	1	1	0	0	1	0	1	0	0	0	0	0	1	1	1	1	1	1	1	1
技術者	1	④親しみやすさ	0	1	0	1	0	1	1	1	0	1	1	0	1	1	0	0	1	1	0	1
技術者	2	①周辺環境との調和	1	0	1	0	1	1	0	0	1	0	1	1	0	1	1	1	1	0	1	0
—		10進数表記	46	29	39	23	45	53	30	22	38	21	54	37	27	57	41	43	58	26	42	25

3 ユニバーサルデザインの応用

表 3・11 合意形成参加者の選好ベクトルのつづき

(c) 技術者の選好ベクトル

		コンセプト	選択パターン																			
住民	1	④信頼感	0	1	1	1	0	1	0	1	1	1	0	0	0	0	0	1	1	1	1	1
住民	2	⑦地域性	1	0	0	1	1	0	1	1	1	0	1	1	1	1	1	0	1	0	0	0
事業者	1	②シンボル性	1	1	1	1	1	1	1	1	0	1	0	0	1	1	0	0	0	0	1	0
事業者	2	⑥風格のある	0	0	0	0	0	0	0	0	1	1	1	1	1	1	1	1	1	1	1	1
技術者	1	④親しみやすさ	1	0	1	1	0	1	1	0	0	1	0	1	0	1	1	1	1	1	0	0
技術者	2	①周辺環境との調和	1	1	1	0	1	0	0	1	1	0	1	0	1	0	1	1	0	0	1	1
—	—	10進数表記	27	41	43	58	25	42	26	57	53	46	21	22	29	30	23	39	54	38	45	37

3.16 合意形成型デザインの例

表3・12 安定性分析表

全体的安全性			×	×	×	×	×	×	×	×	×	E	×	E	E	×	×	×	×	×	×	×
			r	r	u	u	r	u	u	u	u	r	r	r	r	u	u	r	u	u	u	u
住民	安定性		27	41	25	43	58	42	26	57		46	21	29	53	30	22	39	54	38	45	37
	選好ベクトル				27	41		27 25		58				29			21 22					39
	一方的改善 (UI)					43		25											53			38
事業者	安定性		r	r	r	r	r	r	r	u	u	u	u	u	u	u	u	u	u	u	u	u
			46	29	39	23	45	53	30	22	30	38	21	37	27	57	41	43	58	26	42	25
	選好ベクトル										30	46	29	45	23	53	45 37	39	54	30 22	46 38	29 21
	一方的改善 (UI)																					
技術者	安定性		r	r	u	u	r	u	u	u	u	r	r	r		u	u	r	u	u	u	u
	選好ベクトル		27	41	43	58	25	42	26	57	41 25	53	46	21	22		30	23	39	54	38	22 54	45	37
	一方的改善 (UI)				27		41	58					53			46		23		22	29	53 21

同表から明らかなように，20の計画案のうち，合理的安定（r）すなわち均衡解を示した住民の解は21，27，29，39，41，46，53，58，事業者の解は，23，29，30，39，45，46，53，54，技術者は，22，23，27，29，41，46，53，58です．この結果から，合意形成に関わる参加者全員が合理的安定（r）となった解，すなわち全体的安定性（E）は，29，46，53の3案となっています．なお，同表では全体的安定性を表す記号Eを住民の均衡解29，46，53の上に付しています．すなわち，計画案29は事業者が②シンボル性と⑥風格のある，技術者が⑤親しみやすい，住民が④信頼性を設計コンセプトとした案，計画案46は事業者が②シンボル性と⑥風格のある，技術者が①周辺環境との調和，住民が⑦地域性を設計コンセプトとした案，計画案53は事業者が②シンボル性，技術者が⑤親しみやすいと①周辺環境との調和，住民が④信頼性を設計コンセプトとした案となっています．

　最終案はこれら3つの均衡解から決定されます．この場合，合意形成参加者すなわち住民，事業者，技術者が一堂に会し，話し合いの中で最終案に到達できるのであれば，3つの均衡解が得られた時点で本支援システムの役目は終わることになります．

　一方，合意形成参加者の話し合いによって最終案を決めない場合には，本支援システムを用いて，次のように1案に絞り込むことができます．すなわち，計画案ℓに対する合意形成参加者mの選好順位$q_{\ell m}$を住民事業者，技術者の順に

$$Q_\ell = [q_{\ell 住民} \quad q_{\ell 事業者} \quad q_{\ell 技術者}] \tag{3}$$

のようにまとめられます．ここに，上述した3案の場合，計画案29は，$Q_{29}=[11 \quad 2 \quad 13]$，計画案46は，$Q_{46}=[9 \quad 1 \quad 10]$，計画案53

は，$Q_{53}=[12\ 6\ 9]$です．均衡解となった計画案 l の選好順位 Q_l を表す3要素 $q_{l住民}\ q_{l事業者}\ q_{l技術者}$ の幾何平均値が，

$$G_l = \sqrt[3]{q_{l住民} \cdot q_{l事業者} \cdot q_{l技術者}} \tag{4}$$

から計算されます．その結果，全均衡解の幾何平均値のうち，最小の案が最終案となります．

上記の実行例に対し，均衡解である3計画案の幾何平均値 G_l を求めれば，それぞれ $G_{29}=6.589$，$G_{46}=4.481$，$G_{53}=8.653$ となりました．それゆえ，最小の案46が最終案となります．

住民参加型橋梁景観設計の合意形成過程を支援するシステムを紹介しました．本システムは，合意形成の参加者を社会資本設備の恩恵を受ける周辺住民，社会資本設備に責任を持つ事業者，社会資本施設の設計技術者とし，3者の合意形成を支援します．

① 計画案作成に必要な設計コンセプトの順位付け

② 計画原案の作成

③ 合意形成過程

の3プロセスからなっています．第1のプロセス「計画案作成に必要な設計コンセプトの順位付け」では，7個の設計コンセプトに対して一対比較を行い，その優先順位をAHP法で決定しています．また，複数人の住民の意見を集約する方法にAHP手法を用いています．

第2のプロセス「計画原案の作成」は，設計コンセプトにマッチした計画原案を著者らが構築した景観設計支援システムによって作成しています．ただし，設計コンセプトは，第1のプロセスで決定した合意形成参加者ごとの推奨コンセプトの第1位または第2位が含まれるものです．各選択パターンにおいて，コンセプトに適合する案をそれぞれ1案作成し，それらを計画原案としています．

第3のプロセス「合意形成過程」には，コンフリクト解析法を用いています．合意形成参加者ごとの計画原案の選好順位が決定されると，できるだけ選好順位が高くなる計画案を目標に合意を図っています．

構築した合意形成過程支援システムを新橋の景観設計に適用し，その合意に至る過程を考察しています．得られた結果をまとめると，次のようになります．

① 合意形成手法にコンフリクト解析法を用いました．その結果，複数の計画原案の中から，合意形成参加者ごとに付けた選好順位が低い計画案であっても3者の合意案として解が選ばれていることがわかりました．

② 複数人の住民の意見をAHP法によって彼らの見解を保持しながら集約しました．すなわち，意思決定ストレス法で住民の意見にランクを付け，住民の不満を最小に抑えました．

以上の合意形成例は橋梁の景観デザインを対象としていますが，この基本的な考え方，枠組はユニバーサルデザインを実施する場合にも参考となると思われます．一度実例に適用して，有効性について検討してみてはいかがでしょうか．

3.17 ユニバーサルデザインの今後

今まで見てきたように，ユニバーサルデザインは多岐にわたり，また多くの分野に関係をしています．すなわち，アメリカにはアメリカのユニバーサルデザインがあり，ヨーロッパにはヨーロッパのユニバーサルデザインがあります．このことは，我が国にも我が国のユニバーサルデザインが必要であることを意味しています．いろいろな分野，いろいろな文化・社会を基にしたユニバーサルデザイ

3.17 ユニバーサルデザインの今後

ンを考える必要があります.グローバルに共通なユニバーサルデザインはその本質,基本的概念のみであると思われます.このことは対象によって様々なユニバーサルデザインを考えていく必要があることを意味しており,究極のゴールは存在せず,一歩一歩より良いデザインを求めて努力することが肝要であるといえます.そのためには,ハード面だけでなく,ソフト面のユニバーサルデザインへの理解も必要です.国土交通省でも,心のバリアフリーについての報告をしています.それによると,高齢者,障がい者等が安心に日常生活や社会生活ができるようにするためには,施設整備(ハード面)だけではなく,高齢者,障がい者等の困難を自らの問題として認識し,心のバリアを取り除き,その社会参加に積極的に協力する「心のバリアフリー」が重要です.このため,国土交通省では,地方運輸局の主催により,全国各都市において「バリアフリー教室」を開催し,疑似体験,介助体験,バリアフリー化された施設の体験等をしてもらう場を提供しています.また,地域では,学校,地方公共団体,NPO,ボランティア団体,障がい者団体,福祉施設など多様な主体が,お互いに連携しながら同様の取り組みを行っています.

ここで,一つの例を紹介します.あるテレビ番組で,「106 cmからの目線から世界を変える」という特集が放送されていました.主人公は「骨形成不全症」という難病にかかり,中学校,高校,大学そして現在も車いすを利用している人です.学生時代,自分が車いすを使っているということで特別扱いをされて,それがいやでまた寂しく感じたということを述べておられました.この方は,現在ミライロという会社を創業し,社長として建物や製品,サービス,コミュニーケーション,情報に関するデザインをしています.そこでは,「バリアヴァリュー」というコンセプトで種々のユニバーサルデ

3 ユニバーサルデザインの応用

ザインのコンサルタントおよびデザインをされています[35].バリアヴァリューとは,障がいを価値に変えるという意味です.そこでは,「ハードとハート」を変えていくという活動をされています.この考え方こそ,本書で一貫して説明してきたユニバーサルデザインの根本を表していると思われます.

ここでは,車いすの利用者という話を紹介しましたが,その他の視覚障がい者,聴覚障がい者,精神障がい者,そして高齢者,外国人についてもハードとハートを変えていくことが必要ではないでしょうか.前述のミライロ社長の垣内さんの例で大事なことは,従来バリアフリーとかユニバーサルデザインというと,ボランティアやNPOが手助けをするということが普通のようですが,それをビジネス化されているということです.ボランティアでは結局長続きをしません.特にユニバーサルデザインにはゴールがないといわれていますので,ビジネスとして成立しないと,息の長い活動とはなりません.

今後,このユニバーサルデザインを推進していくには,ユニバーサルデザイン(UD)コーディネーターが必要であると思われます.上述したようにユニバーサルデザインは多岐にわたるので,全体を見通したデザインとするには,このようなコーディネーターが必要不可欠です.そうでないと,ユニバーサルデザイン運動がバラバラとなってしまい,無駄を生み効率的でなくなります.できるだけ効率的に運動を進めないと,ゴールははるか遠くに(本当はゴールはないのかもしれませんが)あるので,いつまでたってもゴールに近づくことすらできません.

ユニバーサルデザインの推進を阻害する最も大きな要因は,子供の時の教育にあると思います.人間は多様性にとみ,障がいがある

3.17 ユニバーサルデザインの今後

といって差別あるいは憐れみをもつのは間違いで，それ自体が個性であると肌身で体感できなければ，いつまでたっても健常者と障がい者，高齢者の間の溝は埋まらないでしょう．このことを考えるとユニバーサルデザインの概念に基づく教育プログラムの確立が必要です．また，ユニバーサルデザイン運動を進めていくには，ワークショップ形式の参加型運動が有効であると思われます[5]．

　以上をまとめますと，本当のユーザー目線を持ったユニバーサルデザインの推進が望まれますし，ユニバーサルデザイン事業が慈善ではなく，経済運動として成り立つことが必要で，そのため社会起業家といわれる人が多く出てくることが望まれます．

～巻末付録～
国・地方自治体の取り組み（サイト一覧）

【高齢者，障害者等の移動等の円滑化の促進に関する法律（バリアフリー法）について】（平成18年6月21日公布，同年12月20日施行）

　バリアフリー法の概要：
　　http://www.mlit.go.jp/common/000234988.pdf
　バリアフリー法の基本的枠組み：
　　http://www.mlit.go.jp/common/000234989.pdf
　バリアフリー法　本文：
　　http://www.mlit.go.jp/common/000207186.pdf

　基本構想を立てている地方自治体は平成29年3月現在482団体にわたっている．
　　http://www.mlit.go.jp/common/001187633.pdf
基本構想作成ガイドブックも作られている．
　　http://www.mlit.go.jp/common/001145389.pdf
　　http://www.mlit.go.jp/common/001145390.pdf

基本構想の先進事例として，以下の事例が挙げられている．
・高知県高知市（高知駅周辺地区）：
　　http://www.mlit.go.jp/sogoseisaku/barrierfree/sosei_barrierfree_fr_000031.html

~巻末付録~

- 和歌山県高野町（高野山地区）：

    http://www.mlit.go.jp/sogoseisaku/barrierfree/sosei_barrierfree_fr_000034.html

- 大阪府豊中市・吹田市（桃山台駅周辺地区）：

    http://www.mlit.go.jp/sogoseisaku/barrierfree/sosei_barrierfree_fr_000036.html

- 静岡県静岡市（静岡駅周辺地区）：

    http://www.mlit.go.jp/sogoseisaku/barrierfree/sosei_barrierfree_fr_000038.html

- 宮城県仙台市（都心地区）：

    http://www.mlit.go.jp/sogoseisaku/barrierfree/sosei_barrierfree_fr_000033.html

- 広島県廿日市市（宮内串戸，阿品，宮島口駅周辺地区）：

    http://www.mlit.go.jp/sogoseisaku/barrierfree/sosei_barrierfree_fr_000037.html

- 東京都世田谷区（三軒茶屋駅周辺地区）：

    http://www.mlit.go.jp/sogoseisaku/barrierfree/sosei_barrierfree_fr_000035.html

参考文献

[1] 北岡敏信著:『ユニバーサルデザイン解体新書』,明石書店,2002.
[2] 川内美彦著:『ユニバーサルデザイン バリアフリーへの問いかけ』,学芸出版社,2006.
[3] 小川信子,野村みどり,阿部祥子,川内美彦共編:『先端のバリアフリー環境』,中央法規出版,1999.
[4] 中村良夫著:『景観論,新土木工学大系13』,彰国社,1977.
[5] 宮入,実利用者研究機構編:『トコトンやさしいユニバーサルデザインの本(第2版)』,日刊工業新聞社,2014.
[6] 藤本浩志著:「障害者支援のために基礎としての規格,計測と制御,第55巻,第2号」,pp.93,2016.
[7] 前川満良著:「多様な色覚への配慮~CUDチェックツールとその活用」,計測と制御,第55巻,第2号,pp.94-97,2016.
[8] 土井幸輝著:「視覚障害児・者のための情報入手支援ツールに関する研究紹介~紫外線硬化樹脂点字・触知図作成装置とアラミド繊維製白杖の開発~」,計測と制御,第55巻,第2号,PP.98-101,2016.
[9] 東京都障害者IT地域支援センター:http://www.tokyo-itcenter.com/700link/sm-and1.html
[10] 山形県でまとめられたユニバーサルデザイン事例集,https://www.pref.yamagata.jp/ou/kikakushinko/020060/kikakupdf/ud/ud/zireisyuuall.pdf
[11] https://offive.co.jp/blog/universal-design-for-office-design.html
[12] 高萩徳宗著:『バリアフリーの旅を創る』,実業之日本社,2000.
[13] 秋山哲男,松原悟朗,清水政司,伊澤岬,江守央著:『観光のユニバーサルデザイン』,学芸出版社,2010.
[14] 公園緑地バリアフリー共同研究会編:『公園のユニバーサルデザインマニュアル—人と自然にやさしい公園をめざして—』,鹿島出版会,2003.

[15] 共用品推進機構編:『バリアフリーと広告―そしてユニバーサルデザイン』, 電通, 2001.

[16] E&Cプロジェクト編:『バリアフリーの店と接客』, 日本経済新聞社, 1999.

[17] E&Cプロジェクト編:『「バリアフリー」の商品開発―ヒトに優しいモノ作り』, 日本経済新聞社, 1998.

[18] 広島県:ユニバーサルデザイン実践事例集, https://www.pref.hiroshima.lg.jp/uploaded/attachment/6228.pdf

[19] 神奈川県保健福祉部地域保健福祉課, カラーバリアフリー色使いのガイドライン, 2005.

[20] 国土交通省, 知的障害, 発達障害, 精神障害のある人のための施設整備のポイント, http://www.mlit.go.jp/common/000045596.pdf#search=%27%E7%9F%A5%E7%9A%84%E9%9A%9C%E5%AE%B3%E3%80%81%E7%99%BA%E9%81%94%E9%9A%9C%E5%AE%B3%E3%80%81%E7%B2%BE%E7%A5%9E%E9%9A%9C%E5%AE%B3%E3%81%AE%E3%81%82%E3%82%8B%E4%BA%BA%E3%81%AE%E3%81%9F%E3%82%81%E3%81%AE%E6%96%BD%E8%A8%AD%E6%95%B4%E5%82%99%E3%81%AE%E3%83%9D%E3%82%A4%E3%83%B3%E3%83%88%27

[21] 古田均, 三雲是宏, 林真理子, 鳴尾友紀子, 堂垣正博著:「意志決定支援システムによる住民参加型橋梁景観設計手法に関する研究」, 構造工学論文集, 土木学会, Vol.51A, pp.305-312, 2005.

[22] 古田均, 中村幸一郎, 堂垣正博著:「桁橋の景観設計支援システムに関する研究」, 構造工学論文集, 土木学会, Vol.46A, pp.321-331, 2000.

[23] 鳴尾友紀子, 古田均, 堂垣正博著:「免疫アルゴリズムを用いた中小橋梁の最適景観案探索システムの構築」, 構造工学論文集, 土木学会, Vol.48A, pp.307-318, 2002.

[24] 木下栄蔵著:『AHPの理論と実際』, 日科技連出版社, 2000-6.

[25] 山田善靖, 杉山学, 八巻直一著:「合意形成モデルを用いたグループAHP」, Journal of Operations Research Society of Japan, 日本オペレーションズ・リサーチ学会, Vol.40, No.2, pp.236-244, 1997.

[26] 中西昌武,木下栄蔵著:「集団意思決定ストレス法の集団AHPへの適用」,Journal of Operations Research Society of Japan,日本オペレーションズ・リサーチ学会,Vol.41,No.4,pp.560-571,1998.

[27] 中西昌武著:「集団意思決定ストレス区間値法による格付け区間値評価の提案」,土木学会論文集,No.709/IV-56,pp.27-37,2002.

[28] 小林重順著:『配色イメージワーク』,講談社,1995-7.

[29] 伊庭斉志著:『遺伝的アルゴリズムの基礎』,オーム社,1994.

[30] 岡田憲夫,キース・W・ハイプル,ニル・M・フレーザー,福島雅夫著:『コンフリクトの数理,メタゲーム理論とその拡張』,現代数学社,1988.

[31] 小幡範雄著:『環境コンフリクト実験ゲーム―対立から共生への環境創造―』,技報堂出版,1992.

[32] 秦中伏,金多隆,古阪秀三,石坂公一,近江隆著:「都市開発をめぐるコンフリクト問題のメタゲーム分析」,日本建築学会計画系論文集,No.555,pp.247-254,2002.

[33] 日本橋梁建設協会編:『橋梁年鑑,平成4年版』,1992.

[34] JIS色票委員会:『JIS Z 8721 準拠 標準色票』,日本規格協会,1976.

[35] ミライロ,http://www.mirairo.co.jp/company/profile

索　引

アルファベット

ADA ……………………… 9

あ

アクセシブル設計最低設計要件… 9
アダプタブル……………… 38
案内図……………………… 48

駅前地下道案内表示のユニバーサル
　デザイン………………… 72

オフィスのユニバーサルデザイン
　………………………… 40

か

下肢機能障がい…………… 28
カラーユニバーサルデザイン… 33
観光………………………… 51

疑似体験…………………… 26
教育のユニバーサルデザイン… 59

グランドワーク三島……… 44

景観………………………… 53
建築障がい法………………… 9

公園………………………… 54
広告………………………… 56

広告のユニバーサルデザイン… 57
高速道路に関わるユニバーサル
　デザイン………………… 65
交通のユニバーサルデザイン… 46
心のバリアフリー…………109

し

色覚………………………… 32
視覚障がい………………… 32
視覚情報…………………… 29
上肢機能障がい…………… 28
情報障がい………………… 51
情報製作のユニバーサルデザイン
　………………………… 61

親水拠点…………………… 55

接客・サービスのユニバーサル
　デザイン………………… 58

た

体幹機能障がい…………… 28

地方自治体………………… 70
聴覚障がい………………… 29
チョンゲチョン…………… 53

デザイン…………………… 11

トレードオフ……………… 4, 25

に

人間工学……………………… 13

ノーマライゼーション……………8

は

バス・電車とユニバーサルデザイン
　……………………………… 46
バリアフリー………………… 1, 21
バリアフリー教室………………109
バリアフリーデザイン……………5
パレート最適解…………… 15, 16

ビジネスホテルのユニバーサル
　デザイン………………… 43
美と用とメッセージ…………… 16

プライオリティ……………… 16
ふれあいの庭………………… 54
プロダクツ…………………… 62

歩行障がい…………………… 51

ゆ

ユニバーサルデザイン…… 3, 5, 21
ユニバーサルデザインと防災… 64
ユニバーサルデザインマトリックス
　……………………………… 18
ユニバーサルデザインを考慮した
　住まい………………………… 37

用・強・美…………………… 16

おわりに

　ユニバーサルデザインというものが一般の人に広く受け入れられているかというと，まだそれほど一般的ではないように思われます．この本のようにユニバーサルデザインについて知ってもらいたいという本が世間に非常に多くあることからも，このことが伺えます．すなわち，ユニバーサルデザインという言葉が死語となり，単にデザインという言葉で十分になったときに，ユニバーサルデザインが本当の意味で社会に根付くようになるということではないでしょうか．そのためにはまだまだ長い道のりが必要であると思われます．そのための有力な方法は，前に述べたように幼児期の教育，そしてユニバーサルデザインの基本，考えを現実の場に生かすことが大切です．その時に，その活動をコーディネイトできる人を育てることです．いわゆるユニバーサルデザインコーディネーターを育成することです．参考文献の [5] によると，ユニバーサルデザインコーディネータに必要な7つの原則が示されています．

① ユニバーサルデザインリテラシーを身に着ける
② 会社の戦略や方針と結びつける
③ 実利用者への思い込みに気づく
④ 全体最適コーディネートを行う
⑤ 誤認・誤使用の解消
⑥ 信頼とプライドを高めるトラブル対応
⑦ 実際のところを確かめる

この7原則はユニバーサルデザインの提供者へのものでありますが，そうでない立場の人にも重要な原則を示しています．

2018年12月　著者記す

~~~~ 著者略歴 ~~~~

古田　均（ふるた　ひとし）

1971年	京都大学　工学部　土木工学科　卒業
1973年	京都大学　大学院　工学研究科　土木工学専攻　修士課程修了
1976年	京都大学　大学院　工学研究科　土木工学専攻　博士課程単位取得退学
1976年	京都大学　工学部　助手
1981年	京都大学工学博士
1984年	京都大学　工学部　講師
1984年	Purdue University, Visiting Assistant Professor
1987年	Princeton University, Visiting Scholar
1990年	京都大学　工学部　助教授
1994年	関西大学　総合情報学部　教授　現在に至る
2003年，2008年	University of Colorado at Boulder, Visiting Professor

© Hitoshi Furuta 2018

スッキリ！がってん！　ユニバーサルデザインの本

2018年12月20日　第1版第1刷発行

著　者　古　田　　　均

発行者　田　中　久　喜

発　行　所
株式会社　電　気　書　院
ホームページ　www.denkishoin.co.jp
（振替口座　00190-5-18837）
〒101-0051　東京都千代田区神田神保町1-3ミヤタビル2F
電話（03）5259-9160／FAX（03）5259-9162

印刷　中央精版印刷株式会社
Printed in Japan／ISBN978-4-485-60030-6

・落丁・乱丁の際は，送料弊社負担にてお取り替えいたします．

JCOPY　〈(社)出版者著作権管理機構　委託出版物〉

本書の無断複写（電子化含む）は著作権法上での例外を除き禁じられています．複写される場合は，そのつど事前に，(社)出版者著作権管理機構（電話：03-3513-6969, FAX：03-3513-6979, e-mail：info@jcopy.or.jp）の許諾を得てください．また本書を代行業者等の第三者に依頼してスキャンやデジタル化することは，たとえ個人や家庭内での利用であっても一切認められません．

［本書の正誤に関するお問い合せ方法は，最終ページをご覧ください］

専門書を読み解くための入門書

スッキリ！がってん！シリーズ

スッキリ！がってん！無線通信の本

ISBN978-4-485-60020-7
B6判167ページ／阪田　史郎［著］
定価＝本体1,200円＋税（送料300円）

無線通信の研究が本格化して約150年を経た現在，無線通信は私たちの産業，社会や日常生活のすみずみにまで深く融け込んでいる．その無線通信の基本原理から主要技術の専門的な内容，将来展望を含めた応用までを包括的かつ体系的に把握できるようまとめた1冊．

スッキリ！がってん！二次電池の本

ISBN978-4-485-60022-1
B6判136ページ／関　勝男［著］
定価＝本体1,200円＋税（送料300円）

二次電池がどのように構成され，どこに使用されているか，どれほど現代社会を支える礎になっているか，今後の社会の発展にどれほど寄与するポテンシャルを備えているか，といった観点から二次電池像をできるかぎり具体的に解説した，入門書．

専門書を読み解くための入門書

スッキリ！がってん！シリーズ

スッキリ！がってん！ 雷の本

ISBN978-4-485-60021-4
B6判91ページ／乾　昭文［著］
定価＝本体1,000円＋税（送料300円）

雷はどうやって発生するでしょう？　雷の発生やその通り道など基本的な雷の話から，種類と特徴など理工学の基礎的な内容までを解説しています．また，農作物に与える影響や雷エネルギーの利用など，雷の影響や今後の研究課題についてもふれています．

スッキリ！がってん！ 感知器の本

ISBN978-4-485-60025-2
B6判173ページ／伊藤　尚・鈴木　和男［著］
定価＝本体1,200円＋税（送料300円）

住宅火災による犠牲者が年々増加していることを受け，平成23年6月までに住宅用火災警報機（感知器の仲間です）を設置する事が義務付けられました．身近になった感知器の種類，原理，構造だけでなく火災や消火に関する知識も習得できます．

専門書を読み解くための入門書

スッキリ！がってん！シリーズ

スッキリ！がってん！ 有機ELの本
ISBN978-4-485-60023-8
B6判162ページ／木村 睦［著］
定価＝本体1,200円＋税　（送料300円）

iPhoneやテレビのディスプレイパネル（一部）が，有機ELという素材でできていることはご存知でしょうか？　そんな素材の考案者が執筆した「有機ELの本」を手にしてください．有機ELがどんなものかがわかると思います．化学が苦手な方も読み進めることができる本です．

スッキリ！がってん！ 燃料電池車の本
ISBN978-4-485-60026-9
B6判149ページ／高橋　良彦［著］
定価＝本体1,200円＋税　（送料300円）

燃料電池車・電気自動車を基礎から学べるよう，徹底的に原理的な事項を解説しています．燃料電池車登場の経緯，構造，システム構成，原理などをわかりやすく解説しています．また，実際に大学で製作した小型燃料電池車についても解説しています．

専門書を読み解くための入門書

スッキリ！がってん！シリーズ

スッキリ！がってん！再生可能エネルギーの本

ISBN978-4-485-60028-3
B6判198ページ／豊島　安健［著］
定価＝本体1,200円＋税（送料300円）

再生可能エネルギーとはどういったエネルギーなのか，どうして注目が集まっているのか，それぞれの発電方法の原理や歴史的な発展やこれからについて，初学者向けにまとめられています．

スッキリ！がってん！太陽電池の本

ISBN978-4-485-60027-6
B6判147ページ／清水　正文［著］
定価＝本体1,200円＋税（送料300円）

メガソーラだけでなく一般家庭への導入も進んでいる太陽電池．主流となっている太陽電池の構造は？　その動作のしくみは？　今後の展望は？　などの疑問に対して専門的な予備知識などを前提にせずに一気に読み通せる一冊となっています．

専門書を読み解くための入門書

スッキリ！がってん！シリーズ

スッキリ！がってん！プラズマの本

ISBN978-4-485-60024-5
B6判121ページ／赤松　浩［著］
定価＝本体1,200円＋税（送料300円）

プラズマとは，固体，液体，気体に次ぐ「物質の第4態」で，気体粒子が高エネルギーを受けて電子とイオンに分離し，混在した状態をいいます．その成り立ち，特徴，分類をはじめ，医療や農業，水産業へ広がるプラズマの応用についても紹介しました．

スッキリ！がってん！高圧受電設備の本

ISBN978-4-485-60038-2
B6判129ページ／栗田　晃一［著］
定価＝本体1,200円＋税（送料300円）

私たちの周りに目を向けると，様々な場所に存在している高圧受電設備は，一般的に実態を掴むのが難しいものです．この高圧受電設とは何かについて，設備を構成する各機器類を取り上げ，写真・図などを用いてその役割を詳細に解説しています．

専門書を読み解くための入門書

スッキリ！がってん！シリーズ

スッキリ！がってん！ 機械学習の本

ISBN978-4-485-60036-8
B6判155ページ／北村　拓也［著］
定価＝本体1,200円＋税（送料300円）

本書は，機械学習の定義から専門的な内容，将来展望までを，3編に渡って記述しました．「興味があるが，よくわからない」，「数学が苦手でやりたいけど，一歩踏み出せない」という方々に対し，理解してもらえる書籍です．

スッキリ！がってん！ 風力発電の本

ISBN978-4-485-60034-4
B6判153ページ／箕田　充志・原　豊・上代　良文［著］
定価＝本体1,200円＋税（送料300円）

近年、風力発電は、二酸化炭素を排出しないクリーンな電気エネルギー供給の観点から注目されています。本書の特長は、海外の風力発電機の写真など具体例を多く挙げています。また、風力発電機の内部写真を示し、仕組みや分類を述べているので、風車の構造が理解できます。

書籍の正誤について

万一，内容に誤りと思われる箇所がございましたら，以下の方法でご確認いただきますようお願いいたします．

なお，正誤のお問合せ以外の書籍の内容に関する解説や受験指導などは**行っておりません．**このようなお問合せにつきましては，お答えいたしかねますので，予めご了承ください．

正誤表の確認方法

最新の正誤表は，弊社Webページに掲載しております．
「キーワード検索」などを用いて，書籍詳細ページをご覧ください．
正誤表があるものに関しましては，書影の下の方に正誤表をダウンロードできるリンクが表示されます．表示されないものに関しましては，正誤表がございません．

弊社Webページアドレス
http://www.denkishoin.co.jp/

正誤のお問合せ方法

正誤表がない場合，あるいは当該箇所が掲載されていない場合は，書名，版刷，発行年月日，お客様のお名前，ご連絡先を明記の上，具体的な記載場所とお問合せの内容を添えて，下記のいずれかの方法でお問合せください．
回答まで，時間がかかる場合もございますので，予めご了承ください．

郵送先
〒101-0051
東京都千代田区神田神保町1-3
ミヤタビル2F
㈱電気書院　出版部　正誤問合せ係

ファクス番号　**03-5259-9162**

弊社Webページ右上の「**お問い合わせ**」から
http://www.denkishoin.co.jp/

お電話でのお問合せは，承れません

(2015年10月現在)